2050
성공 아이템! ✦

학원형 공부방
으로 승부하라

펴낸날 2024년 6월 28일

지은이 유경숙
펴낸이 주계수 | **편집책임** 이슬기 | **꾸민이** 최송아

펴낸곳 밥북 | **출판등록** 제 2014-000085 호
주소 서울시 마포구 양화로 7길 47 상훈빌딩 2층
전화 02-6925-0370 | **팩스** 02-6925-0380
홈페이지 www.bobbook.co.kr | **이메일** bobbook@hanmail.net

ISBN 979-11-7223-020-3 (03320)

2050 성공 아이템!

유경숙 지음

학원형 공부방 으로 승부하라

매일 매월 따라하면 무조건 성공하는
학원형 공부방 시스템 운영 매뉴얼

프롤로그

2050 성공 아이템! 1억 학원형 공부방의 비결은?

공부방 창업이 인기를 얻기 시작한 2000년대 중반에는 주로 30대 후반~40대, 특히 경력이 단절된 여성들이 공부방 운영을 시작했다. 그런데 이제는 20대~30대 초반으로 창업 연령이 낮아졌다. 얼마 전에도 스무 살부터 학원 강사를 시작하여 공부방을 한 지 7년이 된 20대 후반 원장님을 만나 공부방 운영 이야기를 한 적이 있다. 처음 시작할 때 주변 친구들을 보며 평범하더라도 매달 꼬박꼬박 나오는 월급을 받는 회사에 다니는 것이 낫지 않나 고민을 한 적도 많았다고 한다. 하지만 지금은 오히려 안정적이면서 시간을 여유롭게 활용하는 자신을 부러워하는 친구도 많다고 했다. 안정적인 공부방 운영을 할 수 있었던 것은 20년 정도 공부방을 운영하며 시스템을 구축하신 어머님의 도움을 많이 받았기 때문이라고 한다.

또 다른 분은 신도시에 공부방을 창업한 수학 원장이다. 대학생부터 여러 학원에서 수학 강사로 활동한 그녀는 학생 관리 및 지도 등 10여 년간 경력이 있음에도 불구하고 수 개월간 심혈을 기울여서 오픈했다. 준비를 철저히 해서 공부방을 창업했기 때문에 2년이 안 되어 연봉 1억이 넘는 공부방으로 성장했다고 한다. 처음 시작할 때 가장 중요하게 생각한 것이 무엇이냐는 질문에 공부방은 개인이 모든 것을 다 관리하기 때문에 학원보다 더 촘촘한 시스템이 필요하다고 했다. 이 원장 역시 삼십 대 초반의 원장이며 공부방 운영의 시스템을 강조하고 있다.

취준생들의 취업난이 어제오늘의 문제가 아닌 것이 현실이다. 공부방 창업은 취업을 고민하는 20대 청년이나 이직 혹은 창업을 고민하는 30대 젊은이들에게 하나의 돌파구가 되기 시작하고 있다. 그 이유는 공부방 창업의 장점 중의 하나가 누구나 쉽게 큰 위험 부담 없이 시작할 수 있다는 것이다. 그뿐만 아니라 직장 상사나 동료와의 문제로 고민할 필요가 없고, 적성에 맞는다면 평생직장으로도 손색이 없으며 보람도 느낄 수 있는 일이다. 게다가 자기 계발과 성장을 중시하는 요즘 젊은 세대들이 시키는 일이 아니라 1인 CEO로서 자기 주도적인 경영을 할 수 있기 때문이다. 하지만 공부방 사업이 누구나 시작할 수 있다고 해서 아무나 성공할 수 있는 것은 아니며 갈수록 창업 시작부터 공부방 운영 시스템의 중요성이 커지고 있다. 학부모들의 눈높이와 교육의 질이 높아졌고, 학생들의 학습 성향과 수준도 많이 달라졌기 때문이다.

학원 원장님들이나 공부방 선생님들과 대화하다 보면 이런 질문을 받는다. "잘되시는 분들은 어떻게 운영하고 있나요? 다들 힘든 건 비슷할 텐데 어떻게 운영하시는지 진짜 궁금합니다." 상황을 알기에 조금이라도 도움이 되는 정보를 드리고 싶어 다른 공부방 사례를 구체적으로 설명해드린다. 정보를 드리면 한번 시도해봐야겠다는 분도 있지만 의외의 반응도 있다. 좋은 정보이기는 한데, 지역도 다르고 시기와 상황이 다 다르니 어떻게 적용해야 할지 난감하다는 것이다.

성공하는 공부방 운영의 표준화된 시스템은 분명히 있고 그 시스템을 만드는 방법이 없는 것도 아닌데 왜 그 적용과 활용이 어려운 것일까? 1억 버는 1등 공부방과 어디에 있는지도 모를 그림자 공부방의 차이는 어디서 비롯되는 것일까?

1억 공부방은 1등 시스템으로 승부한다

조금 더 객관적이고 구체적인 결과를 알아보기 위해 전국적으로 잘되는 공부방을 대상으로 설문조사를 해 그 차이를 알아봤다. 그런데 조사 결과 잘되는 공부방의 비법은 누구나 다 아는 비밀! 바로 '공부방 운영의 표준화된 시스템'이었다. 홍보, 상담, 수업, 관리 이 네 가지 핵심 시스템을 얼마나 제대로 잘 운영하고 있느냐에 따라 공부방의 성공 여부가 좌우된다는 사실이 설문조사에서도 그대로 드러났다. 더 놀라운 것은 공부방의 위기가 닥쳤을 때도 다른 특별한 방법으로 극복한 것이 아니라 표준화 시스템을 통해 극복했다는 것이다.

원장님 중에 공부방을 운영하다가 학생들이 많아져서 학원으로 확장하게 됐다는 분들이 꽤 있다. 이분 중 몇 분에게 어떻게 운영했는지 노하우를 물어보면 역시 비슷한 답이 나온다. 그중 한 분이 이런 이야기를 했다.

"사실 잘하는 게 별거 있는 거 같지만 남들 하는 것을 저도 똑같이 합니다. 홍보 꾸준히 하고 상담을 통해 학부모의 마음을 잘 잡으려고 하고요. 아이들이 제일 중요합니다. 누구 하나 소홀함 없이 관심 가져 주고요. 공부에 흥미를 느끼게 해주니까 성적도 잘 나오더라고요. 학생들에게 동기를 부여하며 재미있게 해주려고 이것저것 이벤트도 많이 합니다. 진짜 저는 365일 매일 매일 공부방과 공부방 학생들을 생각하며 운영해요. 공부방 운영한 지 10년쯤 됐는데요, 매년 똑같을 것 같은

데 매년이 다릅니다. 공부방이 저절로 굴러가도록 만드는 데 여러 시행 착오를 겪었고요, 이제야 무언가 시스템적으로 척척 굴러가기 시작했어요. 저는 공부방에서 내일 무엇을 해야 하고 1주일 뒤에 무엇을 해야 하고 한 달 뒤에, 3달 뒤에 무엇을 해야 하는지 이제 머릿속에 잡혀 있어요. 이것이 머릿속에 없으면 공부방이 제대로 안 굴러가더라고요."

결국 요즘 공부방을 성공적으로 운영하는 원장님들은 공부방에서 학원처럼 학원 시스템과 매뉴얼을 만들어 자신의 학원형 공부방 브랜드를 구축한다. 실제로 잘 나가는 공부방은 오히려 동네에 작은 학원보다 더 규모 있는 학원형 공부방이다.

공부방을 운영하는 선생님들이 원하는 1억 정도 벌면서 동네에서 잘 나가는 1등 공부방이 되는 비법은 단순하고 명확하다. 아이들만 열심히 가르쳐서 성적만 올려주는 공부방이 아니라 '365일 매일 매월 시스템'으로 승부하는 공부방인 것이다.

1억 학원형 공부방 운영 매뉴얼 체인지(體IN智) 시스템

표준화 시스템이 있지만 그 시스템을 적용하고 활용하는 데 있어 구체적인 전략이 빠져있는 분들은 공부방 운영의 어려움에서 벗어나지 못하고 있거나 성장이 멈춰있는 경우가 대부분이다.

이런 말씀을 하시는 공부방 원장님들도 자주 본다. "저도 나름대로 열심히 한다고 하는데 왜 생각처럼 공부방이 성장하지 않는지 모르겠어요. 남들 홍보할 때 홍보하고 학부모들이 상담 오면 성심껏 최선을 다해서 설명해주고 학생들 수업도 목이 터져라 진짜 열심히 설명해주고 있어요. 가끔 큰돈은 아니지만 투자라고 생각해서 이벤트도 하고 그러는데 왜 효과가 없는 걸까요?"

점점 경쟁이 치열해지고 있는 공부방 시장, 특히 창업 지역으로 많이 선호하는 신도시 아파트처럼 경쟁자가 많거나 포화된 곳은 그냥 막연히 열심히만 해서는 성공할 수 없다. 잘 가르치기만 한다고 해서 입소문이 나는 시기는 이미 지났다. 이제는 자신만의 공부방 운영을 매뉴얼화하여 시스템으로 정착하는 것이 중요하다.

이 책에서는 기존에 하고 있던 홍보, 상담, 수업, 관리 시스템에 대해 많은 분이 고민하는 시기별, 상황별 적용 및 운영 방법을 제시하고 있다. 공부방을 운영하면서 시기와 상황별로 본인에게 발견되는 문제 또는 체크해야 하는 부분을 확인하고 싶을 때 언제든지 펼쳐볼 수 있는 공부방 운영 사전이라고 할 수 있다.

시기별로 큰 그림을 그리면서 생각해봐야 할 연간, 분기별 시스템부터 매월 꼭 체크하고 실행해야 할 월별 시스템 그리고 매일 일과에서 챙겨야 하는 부분까지 상세히 언급해 공부방 운영의 실제적인 도움이 될 수 있도록 했다. 또한 각 장마다 제공되는 '공부방 운영 수행평가'를 통해 스스로 실천하고 있는 것을 체크하고, 책 안에 본인의 시스템을 추가해 남들과 다른 나만의 공부방 운영 시스템을 만들어갈 수 있도록 했다.

요즘은 마음만 먹으면 얼마든지 좋은 콘텐츠와 시스템을 제공받을 수 있다. 여기서 중요한 것은 자신의 운영 형태와 상황 그리고 규모를 자가 진단하여 자신만의 학원형 공부방 체인지(體IN智) 시스템을 구축하는 것이다. 체인지(體IN智) 시스템은 지속적으로 체계화하여 실천할 때 만들어지는 내재화된 시스템, 자신만의 시스템을 말한다.

창업을 준비하고 계신 분들이라면 특히 연간과 월간 시스템을 꼼꼼히 읽고 창업하기 전 자신의 공부방 운영 시스템에 반드시 반영해야 하는 부분을 체크하기를 권한다. 이것은 공부방 체인지(體IN智)시스템 매뉴얼을 만들어 자신만의 공부방 시스템을 만들어가는 방법이기도 하다. 수시로 공부방 운영 수행평가에 열심히 적다 보면 시간이 갈수록 선생님들의 노하우가 쌓여 선생님들의 1등 공부방 브랜드 시스템이 될 수 있을 것이다.

끝으로 한 아이를 키우기 위해서는 온 마을이 필요하다는 아프리카 격언이 있다. 공부방을 운영할 때 중요한 것은 미래의 인재를 키운다는 소명 의식이 무엇보다 중요하다. 훌륭한 인재를 길러내는 1억 버는 1등 학원형 공부방으로 거듭나기를 바라며 공부방 선생님들의 행복 성장을 응원해 드린다.

2024. 6.
유경숙

차례

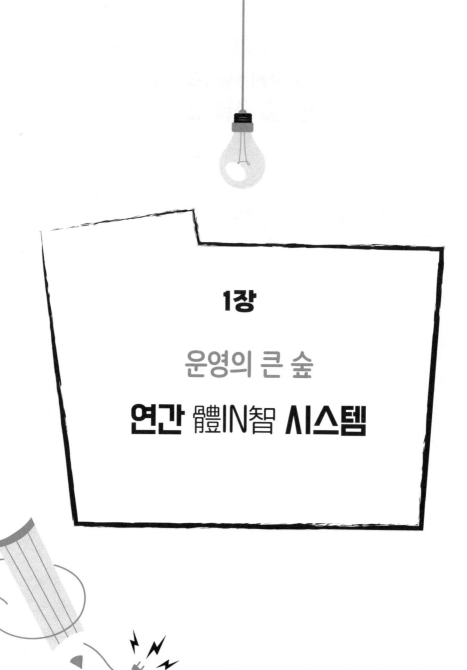

1장

운영의 큰 숲

연간 體IN智 시스템

01
연간 시스템으로
운영의 숲을 보라

직장인 중에서 회사를 얼마 동안 다녀야겠다고 계획을 하고 다니는 사람이 흔치 않다. 다니다 보니 벌써 10년이 넘었다는 사람, 생각지 못하게 일찍 그만두게 됐다는 사람 등 각양각색이지만 이렇게 직장을 다녀도 큰 문제는 없다. 직장에서는 개인의 계획을 요구하지 않으며 본인 역시 중요한 부분이라고 생각하지 않기 때문이다.

그러나 사업을 하는 사람들은 조금 다르다. 짧게는 5년에서 10년, 길게는 10년에서 20년 후의 목표를 가지고 계획을 세운다. 공부방 운영을 개인 사업이라고 생각하는 사람이라면 당연히 자신만의 성장 로드맵이 있어야 한다. 막연하게 투자 대비 큰 위험이 별로 없으니 '일단 시작해볼까?'라는 마음을 가진다면 공부방 운영을 접는 것도 너무 쉽게 생각한다. 사업의 성공은 뚜렷한 목표와 구체적인 계획을 바탕으로 만들어지듯이 공부방 사업 역시 사업의 큰 그림을 그릴 수 있는 연간 시스템이 매우 중요하다.

공부방을 시작하면 가르치는 학생이 몇 명 정도 됐으면 좋겠다는 생각은 누구나 한다. 하지만 몇 년을 목표로 어느 정도 되는 공부방을 만들어보겠다는 계획은 막연한 생각에 머물러 있을 것이다. 20, 30대에 공부방 사업을 시작하는 분들은 5년에서 10년 공부방 운영을 통해 학원 확장을 꿈꿔볼 수도 있다. 요즘 젊은이들 사이에서 유행하는 파이어족들은 공부방 사업 성공을 통해 조기 은퇴를 목표로 하기도 한다. 40대 중반에 다른 일에서 공부방 사업으로 전환하는 경우는 늦은 나이에 다른 일을 다시 시작하기 어렵기 때문에 공부방 사업을 평생직장으로 생각하고 시작할 수도 있다. 어떤 상황이든 공부방 사업을 시작하려면 적어도 10년의 연간 시스템에서 운영 목표와 계획을 세워야 기대하는 공부방의 모습으로 성장할 수 있다.

여기서 제시하는 연간 시스템은 모두에게 그대로 적용되지 않을 수 있다. 단기간에 빠른 성장을 하고 나서 위기가 찾아오는 공부방도 있고, 운영한 지 10년이 다 돼가지만 한 번도 잘되는 공부방으로 자리를 잡았던 시기가 없는 공부방도 있다. 애초에 전체적인 그림을 그리지 않은 상태로 시작해서 나타나는 현상이다. 공부방을 운영한 실제 기간 1년, 3년, 5년, 10년이라는 숫자는 큰 의미를 지니지 않는다. 5년을 운영했지만 1년 차에 해야 할 시스템을 하고 있지 않다면 그 공부방은 1년 차 공부방이라고 생각하고 무엇을 해야 할지 들여다보아야 한다. 연간 시스템 안에서 들여다보면 그동안 실행하지 않았던 시스템들이 보일 것이다. 때로는 공부방 초보자처럼 초심으로 다시 시작해야 하는 일들도 있을 것이다. 자존심 상한다고 생각할 수 있지만 냉정하게 자신의 공부방을 진단해야 한다. 그래야 정확한 처방을 내릴 수 있다.

현재 잘되고 있는 공부방도 다시 한번 시스템 점검을 해보는 것이 필요하다. 공부방을 운영하다 보면 운영 기간의 시기마다 찾아오는 위기와 기회가 있다. 언제든지 위기는 찾아오기 마련이고 그 위기를 준비하지 않으면 실패를 준비하고 있는 것과 마찬가지다. 큰 산을 제대로 보려면 멀리서 봐야 하듯이 성공적인 공부방 운영을 위해서는 길게 봐야 멀리 갈 수 있다. 연간 시스템을 통해 현재 자신의 공부방은 어느 단계이며 어떤 단계로 가고 있는지 판단해보면서 보완 방법을 찾아보는 것이 1억 버는 1등 학원형 공부방으로 가는 첫 시작이다.

공부방 시작 1년 시스템
열정과 냉정의 균형

공부방을 처음 시작하는 분들이 범하기 쉬운 착각이 있다. 바로 열정만 있으면 다 잘되리라 생각하는 것이다. 그리고 대부분 그런 열정만 있다면 성공할 수 있다는 말을 들으며 주변 사람들에게 격려를 받기도 한다. 하지만 막상 일을 진행하다 보면 열정만 가지고 잘되는 일은 없다. 어려움에 부딪히다 보면 열정은 식기 마련이며 쉬지 않고 열정이 샘솟는 것도 아니기 때문이다. 때로는 앞뒤 가리지 않고 덤비는 열정보다 객관적으로 상황을 판단해 문제를 해결해가야 하는 냉정이 더 중요하다.

열정은 일을 진행하는 추진력은 될 수 있지만, 잘못된 추진력은 오히려 사고를 불러일으킬 수 있다. 공부방을 당장 시작하는 것은 중요하지 않다. 준비가 제대로 되지 않았다면 냉정하게 다시 한번 생각해봐야 한다. 그만큼 만만히 봐서는 안 되는 일이 공부방 사업이다. 공부방 시작 1년 차는 열정과 냉정의 균형을 잡고 차근차근 고민하고 준비해야 한다. 열정은 자동차에 기름을 넣는 것과 같다. 자동차에 기름을 넣으면 출발은 할 수 있지만 오래가지 못하는 것처럼 시작할 수 있다고 해서 성공하는 것은 아니라는 것을 명심해야 한다.

열정 홍보: 비가 올 때까지 지내는 기우제처럼

"홍보하는 거 하나는 제가 자신 있습니다"라고 말하는 분들이 있다. 전단지 아르바이트 경험을 운운하며 운동 삼아 아파트 문 앞에 붙이는 거 그거 못 하겠느냐는 자신감 있는 어투다. 마음먹고 투자해서 현수막에 게시판 그리고 아파트 현관문 앞에 종이를 붙이는 홍보를 집중적으로 한다. 그런데 막상 전화 한 통이 없으면 불안한 마음에 하늘을 찌르던 자신감은 오간 데 없다.

어떤 분은 홍보와 관련된 일을 전혀 해 본 적이 없어 가장 어려워하는 것이 홍보다. 밖에 나가서 직접 전단지를 나눠주며 말 한마디 건네는 것을 정말 어려워한다. 자신을 슬슬 피해서 가는 사람, 몇 발짝 안 가서 전단지를 버리고 가는 사람, 됐다고 하며 주는 전단지를 뿌리치는 사람들을 몇 번 겪고 나면 그냥 돈 주고 아르바이트생을 쓰는 것이 낫겠다는 생각이 절로 든다고 한다.

이럴 때 필요한 것이 바로 열정이다. 될 때까지 해보는 열정, 길바닥에 버려지는 전단지를 보며 속상해하기보다 어떻게 하면 버리지 않는 홍보가 될 수 있을까 고민하는 열정이 필요하다. 전단지를 뿌리치고 가는 사람에게 웃으면서 "나쁜 거 아니니 한 번 읽어 보세요"라고 말 한마디 건네는 시도가 열정이다.

물은 99도에서 절대 끓지 않는다. 1도의 차이가 끓는 물과 끓지 않는 물을 가른다. 단 1도, 그 임계점을 넘기는 홍보가 중요하다. 아메리카 인디언 제사장인 레인메이커가 기우제에 실패하지 않은 것은 비가 올 때까지 지내기 때문이다. 문의 전화가 올 때까지 최대한 다양하게, 꾸준히 홍보해야 한다. 그 홍보의 씨앗은 3개월, 6개월 뒤, 심지어 1년 뒤에 싹이 나기도 한다.

프랑스 미라보 다리에서 "저는 태어날 때부터 장님입니다"라는 팻말을 목에 걸고 구걸을 하던 걸인이 있었다. 지나가던 행인이 그 팻말의 문장을 바꿔주자 놀라운 일이 벌어졌다. 구걸함에 돈이 쌓이기 시작하더니 평소보다

5배의 수입이 발생한 것이다. 궁금하던 걸인이 행인에게 도대체 어떻게 된 것이냐고 물었다. 행인은 별로 대수롭지 않듯이 "봄이 오건만 저는 그것을 볼 수 없습니다"라고 문장만 바꿨을 뿐이라고 답했다.

홍보는 지역의 특성과 대상, 시기, 이슈 등 여러 가지 고려해야 하는 사항들이 있다. 여기에 제시하는 방법은 지역에 상관없이 많은 공부방 선생님들이 활용하는 방법이다. 만약 제시돼있는 홍보를 하고 있다면 조금 색다르게 하는 방법이 무엇이 있을까 고민하고 찾아보는 것도 필요하다. 프랑스 걸인의 수입이 5배 증가한 것은 행인이 바꿔준 문장 하나 때문이다.

홍보 종류	홍보 방법
전단지 홍보	아파트의 경우 청소 아주머니가 청소하는 시간대를 피해서 홍보함. 우유 주머니나 자전거가 있는 곳은 상담 메모지를 남김. 버스 정류장, 전봇대, 은행 입출금기, 지역 신문 거치대 등(불법이지만 대부분 하는 홍보)
게시판 홍보	평범한 흰색 용지를 사용하기보다는 예쁜 색깔의 색지를 활용하고 체험 수업 쿠폰을 스틱형으로 만들어 활용(합법적으로 가장 흔히 하는 홍보)
도로 현수막 홍보	복잡하고 많은 내용보다는 단순한 핵심 문구로 하고 시선이 집중되는 색감 배열에 신경을 써서 제작. 공무원들이 수거해 가는 경우가 있으므로 주말을 이용. 위치는 대로변과 같이 많은 사람이 볼 수 있는 곳을 선택(불법이며 벌금이 나올 수 있지만 눈에 잘 띄는 홍보) ※ 지역별 합법적 게시대를 활용하는 것을 추천

아파트 베란다 현수막 홍보	외부에서 볼 때 가장 잘 보이는 위치 선정해 붙임. 공부방 위치가 고층인 경우 저층에 사는 지인에게 부탁해 게시(아파트 자체 규제가 있으므로 관리실 확인 후 게시)
유리창 선팅	시공업체에 디자인 의뢰해 제작. 흐린 날이나 저녁에도 잘 보이는 색깔로 배색해 디자인하는 것이 좋음. 색이 바랜 경우는 교체
자석 전단의 활용	아파트 문 앞이나 사람들의 유동 인구가 많은 은행 입출금기 앞, 재활용 분리수거함 앞, 지하 주차장 자동차 앞 유리 등에 활용(불법이지만 전단지 대비 업무량이 적어 많이 활용)
아파트 엘리베이터 홍보	거울 광고나 미디어 광고. 부담스러운 가격이지만 연간 광고비로 생각하면 경제적이며 지속적인 노출 효과를 볼 수 있음(합법적으로 오래 홍보 가능)
캔버싱	홍보 장비를 펴고 고객과 직접 소통하며 가망고객 소스 받는 홍보. 유동 인구를 고려해 장소 선택. 아파트 시장이나 동네 마트 앞, 학교 앞에서 시행
단골가게 홍보	자주 가는 미용실이나 약국, 음식점 등에 간단한 홍보물 비치(종이컵, 사탕, 공부방 정보지 등)
분식점, 문방구와 쿠폰 협약 홍보	쿠폰을 만들어 한 달에 한 번 활용할 수 있도록 아이들에게 지급하며 홍보하는 방법

학원과 원원 홍보	영어 학원이나 예체능 학원과 협력해 홍보물 교차 비치
교통안전 캠페인	학교 앞 신호등, 건널목에 설치해 공부방의 긍정적인 이미지 인식
온라인 홍보	블로그, 밴드 운영, 인스타그램 등을 활용, 정기적인 관리가 중요. 교육 정보나 공부방에 다니는 아이들의 모습 지속적 노출. 80~90세대 학부모들이 늘어나면서 필요성과 중요성이 높아진 홍보
커뮤니티 홍보	지역이나 아파트에 활성화되어 있는 커뮤니티에 가입하여 블로그에 홍보하듯이 홍보. 공부방 인지도를 높이는 방법

냉정 홍보: Plan-Do-See 시스템 홍보 구축

홍보할 때 가장 먼저 생각해야 하는 것은 홍보 예산 책정과 이에 따른 홍보의 구체적인 계획이다. 홍보 예산은 1년 총예산 비용을 월별로 나눠 분배하고 자주 소모되는 물품, 예를 들어 OTP 용지(빵 봉투)나 볼펜 같은 경우 6개월 단위 대량 구매 예산을 잡아두는 것이 좋다. 홍보 물품을 구매할 때는 구매 사이트에서 최소 주문 수량에 따라 단가가 달라지므로 최소 주문 개수를 확인해 그 수량으로 얼마나 홍보할 수 있는지 생각하고 주문해야 한다. 계절을 타는 부채나 핫팩 등은 단기간 소모하는 것이므로 구매한 것은 모두 소진한다는 생각으로 홍보 일정을 잡아야 한다. 홍보하고 남으면 '다음에 쓰면 되겠지'라는 생각은 홍보를 미루게 하는 핑계를 만든다. 그뿐만 아니라 홍보 물품이 빛이 바래서 보기 흉하거나 유통 기간이 지나서 쓸 수 없는 경우도 있으니 주의해야 한다.

홍보 계획을 세울 때는 홍보의 육하원칙을 생각해야 한다. 홍보를 '누가, 언제, 어디서, 무엇을, 어떻게, 왜' 하는가가 명확해야 최소의 비용으로 최대의 효과를 낼 수 있다.

예를 들어 홍보를 본인이 직접 할 것인지, 아르바이트생을 활용할 것인지, 개학식이나 방학식에 할 것인지, 학교 앞에서 할 것인지, 동네 대형 마트 앞에서 할 것인지, 부채를 나눠줄 것인지, 학용품을 줄 것인지, 무조건 나눠줄 것인지, 공부방 이름을 맞히면 줄 것인지, 오픈 홍보를 목적으로 할 것인지, 간담회 홍보를 목적으로 할 것인지, 분명한 계획(Plan)이 있어야 한다.

다음은 구체적인 실행(Do)을 해야 한다. 이때 가장 중요한 것은 지역권을 분석한 홍보 실행이어야 한다. 학생들이 어느 곳으로 더 많이 오가는지, 학부모들이 주로 많이 가는 곳은 어디인지, 지역 소득 수준과 교육열은 어느 정도인지 파악한 상태에서 계획대로 실행하는 데 최선을 다해야 한다.

끝으로 홍보하고 나서 스스로 평가(See)가 필요하다. 아쉬운 부분이나 놓치고 있었던 것은 무엇인지, 관심 있었던 학부모는 몇 명 정도 있었는지 반드시 메모를 해둬야 한다. 그리고 추후 연락이 오는 학부모 정보를 잘 정리하고 어떤 경로를 통해서 연락이 오는지에 대한 통계자료를 만들어보는 것이 좋다. 공부방 1년 차의 홍보 시스템은 Plan-Do-See 시스템 홍보를 구축해 지역에 맞는 홍보 시스템을 만들어가는 것이 중요하다.

✎ 홍보 시스템 체크 포인트

PLAN	누가 (홍보 주체)
	누구에게 (홍보 대상)
	언제 (홍보 시기)
	어디서 (홍보 장소)
	왜 (홍보 목적)
DO	무엇을 (홍보 물품)
	어떻게 (홍보 방법)
SEE	잘한 점
	보완점

열정 상담: 공부방 학습 시스템의 확신과 학생들에 대한 애정

학부모가 공부방에 방문하겠다는 전화를 받는 순간 갑자기 머릿속이 하얀 백지가 돼 무슨 말을 먼저 해야 할지 생각이 떠오르지 않았던 경험이 한두 번 있을 것이다. 그만큼 처음으로 마주하게 된 학부모와의 상담은 떨리고 두려운 순간이다. 상담에 가장 필요한 것은 유창한 말솜씨가 아니라 진심을 담은 열정이다. 다시 말해 공부방 운영 시스템과 프로그램에 대한 확신과 의지를 어떻게 열정적으로 전달하느냐가 중요하다. 또한 공부방에 오는 한 명한 명의 학생에게 관심과 애정을 갖는다는 것을 전달할 수 있어야 한다. 이때, 공부방 학생들의 실력 향상과 선생님의 능력을 내세우는 데 지나치게 집중해서는 안 된다. 자칫 과장돼 보일 수 있으며 실력이 부족한 학생을 맡기는 학부모는 위축될 수 있으므로 이를 유의해야 한다.

상담의 두려움을 극복하고 자신감을 줄 수 있는 무기는 공부방 운영 프로그램이나 시간표, 수업료 등을 정리한 상담 파일이다. 상담 파일은 학부모가 원하는 중요한 정보를 담은 내용이기 때문에 이해하기 쉽도록 전달하는 것이 중요하다. 그런데 간혹 상담 파일로 상담하다 보면 내용을 읽어주는 형태거나 장황하게 설명하기 바쁜 상담이 되는 경우가 있다. 상담 파일에 있는 내용은 최대한 간결하게 10분 이내로 안내하는 것이 좋다. 그리고 궁금한 부분이나 이해되지 않은 부분을 학부모가 질문해 다시 궁금증을 해결해주는 방법으로 짧고 간결하게 하는 것이 좋다. 장황한 설명은 열정적인 상담이 아니라 학부모의 집중력을 오히려 떨어뜨리는 상담이 될 수 있다.

냉정 상담: 거절하기 어려운 학부모의 요구

첫 상담 시 공부방에서 해줄 수 있는 것과 없는 것을 냉정하게 구분해 상담하는 것이 좋다. 상담의 기본은 학생의 문제가 무엇인지, 문제의 원인은 어디에 있는지 진단해 해결 방안이나 다른 대안을 제시해주는 것이다. 그리고 그 해결 방안과 대안으로 유도하는 것이 공부방 등록으로 이어지는 상담이다. 그런데 상담 시 학부모가 요구하는 것을 모두 수용하는 상담으로 마무리하면 문제가 발생한다. 공부방에서 학교 숙제까지 하고 왔으면 좋겠다는 요구, 다른 학원 이동하는 중간 시간에 보육을 부탁하는 요구, 시험 기간에 암기과목을 봐달라는 요구, 차량 운행을 부탁하는 요구, 과한 회비 할인 요구 등 다양한 요구를 거절하지 못해 힘들어하는 분이 있다.

처음은 학생이 적으니 할 수 있는 것은 해주겠다는 호의로 학부모의 요구를 들어주게 된다. 선생님의 입장에서는 우선 한 학생이라도 공부방에 등록시키는 것이 더 급하다 보니 울며 겨자 먹기로 요구를 수용하는 상황이다. 하지만 학생이 늘어나면서 자연스럽게 약속한 부분에 소홀하게 된다. 그렇게 되면 학부모는 선생님을 이해하는 것이 아니라 처음 상담할 때와 매우 다르다며 불만을 토로하는 경우가 종종 생긴다. 선생님은 학부모의 상황을 배려해준 것이지만 학부모는 서운한 마음으로 그만두게 되고 그 상황이 부정적인 소문으로 돌아오기도 한다. 학부모의 요구를 무조건 거절하는 것은 어렵다. 그러나 학부모가 요구한 내용 중 수용 가능한 요구와 기간, 수용의 정도를 반드시 학부모와 합의하는 상담이 돼야 추후 문제가 발생하지 않는다.

열정 수업: 멋진 설명보다 아낌없는 칭찬과 격려

공부방의 입소문은 선생님의 수업 실력으로 나는 것이요, 조금이라도 많이 가르치면 학부모들이 고마워할 것으로 생각하는 선생님들이 많다. 사실 학부모가 교육비를 내는 가장 큰 이유이기도 하니 이런 생각이 틀린 것은 아니다. 하지만 선생님과 학생의 친밀한 교감이 멋진 설명보다 더 중요하다. 그런데 많은 선생님은 학생들과 교감을 나누는 대신 진도 나가기에 급급하고 문제를 풀어주는 데 온 열정을 쏟는다. 때로는 학생과 본인 모두 지칠 때까지 설명에 집중하기도 한다.

수업에서 열정적이어야 하는 사람은 선생님이 아니라 학생이다. 선생님이 해야 할 일은 학생 스스로 모르는 것을 알고 싶어 하는 마음이 들 수 있도록 하는 것이다. 모르는 문제를 꼭 해결하고야 말겠다는 의지, 모르는 문제를 스스로 해결하면서 해냈다는 기쁨을 느낄 수 있도록 해야 한다. 이것이 수업 시간에 학생이 가져야 할 배움의 열정이다.

이 열정은 저절로 만들어지지 않는다. 바로 선생님의 칭찬과 격려로 만들어진다. 선생님께 모르겠다고 말하는 학생을 칭찬하면서 모르는 것은 부끄러운 것이 아니라는 것을 느끼게 해줘야 한다. 모르는 것을 아는 척하는 것이 더 부끄러운 일이라는 것을 알게 해주는 것, 틀렸던 문제를 스스로 해결하는 것이 얼마나 대단한 것인지를 느끼게 해주는 것이 학생에게 배움의 열정을 불러일으킨다. 이런 학생의 열정이 입소문 나는 공부방 수업의 비결이다. 학생들이 공부가 재미있다고, 공부방 선생님이 정말 좋다고 말할 것이기 때문이다. 이것이 칭찬과 격려의 힘이다.

냉정 수업: 규칙과 규율이 엄격한 수업

공부를 잘하는 학생들만 공부방에 오지 않는다는 것은 누구나 아는 사실이다. 오히려 실력이 부족하거나 공부를 싫어하는 학생들이 더 많은 것이 현실이다. 집중력이 현저히 떨어지고 산만해 주변 친구들까지 방해하는 학생이 있는가 하면 성격이 예민해 교우 관계가 힘든 경우도 있고, 사춘기로 인해 부모와의 관계가 심각한 경우도 있다. 지각과 결석을 밥 먹듯 하는 학생, 욕설과 험담이 일상이 돼 있는 학생 등과 수업하다 보면 버겁다는 생각이 들 때도 있다.

그런데 상담을 하다 보면 학부모는 자녀가 성격이 무난하며 학습 수준 역시 보통이라고 이야기한다. 또는 머리는 좋은데 노력을 안 한다거나 기존 학습 형태(학원, 학습지, 과외 등)에서 관리가 잘되지 않아 성적이 좋지 않다고 이야기하는 경우가 많다. 심지어 어떤 학부모는 자녀가 선행을 어느 정도 했고 교재도 난도 높은 수준으로 이미 마스터했기 때문에 특별하게 관리해야 하는 학생임을 어필하기도 한다. 이렇게 학생들의 학년이 다르고 성향도 천차만별이기 때문에 모든 학생의 수준과 성향을 맞춘다는 것은 결코 쉬운 일이 아니다.

상황이 이러하다 보니 처음부터 좋은 공부방 이미지를 만들어야 한다는 마음에 학생을 골라 받는 분들이 있다. 하지만 100% 맘에 드는 학부모와 학생도 드물고 학생과 학부모를 고르다 보면 정작 함께 공부할 만한 학생은 그리 많지 않다. 초창기에 괜찮은 학생들만 받아서 공부방 분위기를 좋게 만들고 싶은 마음이겠지만 이와 다르게 학생을 골라 받는다는 부정적인 이미지가 만들어져 공부방 운영이 힘들어질 수 있다.

그러나 좋은 공부방 분위기는 들어오는 학생에 따라 결정되기도 하지만 운영하는 선생님에 따라 달라지기도 한다. 수업이 진행되는 공부방을 참관해보면 실제로 선생님 분위기와 학생의 분위기가 닮아 있는 경우가 대부분이다.

따라서 상담 시 학생과 처음 수업이 진행될 때 수업 운영 규율을 냉정하게 제시하는 것이 좋다. 지각과 결석 시 제약되는 사항이나 수업 방해, 예의에 벗어난 언행에 대한 조처를 명확히 해 공부방 분위기를 저해하는 요인을 미리 줄이는 것이 필요하다. 그리고 실제 수업을 하면서 미리 언급한 사항을 위반했을 때 경고하고, 그 경고를 3번 이상 받아들이지 않을 경우 단호하게 퇴원 조치를 해야 한다. 이렇게 냉정하게 규율을 적용해야 학생 및 학부모와 관계가 틀어지지 않으면서 수업 분위기를 바르게 이끌어나갈 수 있다.

열정 관리: 꼼꼼함과 꾸준함이 만드는 감동

　잘되는 공부방 선생님께 운영 비결을 물어보면 빠지지 않고 나오는 것이 꼼꼼하고 꾸준한 관리다. 그런 관리가 입소문이 돼 소개가 이뤄지는 경우가 많다는 것이다. 결국 입소문은 학생과 학부모를 어떻게 관리하느냐에 달려있고 그 관리에 얼마나 감동이 있느냐가 공부방 성공을 좌우한다. 감동을 주는 관리가 되려면 디테일해야 한다. 누구나 할 수 있는 관리지만 얼마나 꼼꼼하게 관리하느냐가 중요하다. 출결 관리, 교재 관리, 숙제 관리, 진도 관리나 평가 관리 등에서 세심한 관리로 다른 공부방과 차별화돼야 한다. 그리고 지속적인 꾸준함이 중요하다. 한두 번 즐겁고 유익한 체험 행사를 하는 것은 다른 공부방도 할 수 있다. 그러나 그것이 입소문이 되려면 지속적이고 정기적으로 이뤄져야 한다.

　지속적으로 꼼꼼하게 관리를 잘하기 위해서는 자신이 잘할 수 있거나 재미있어하는 것을 진행해야 한다. 예를 들어 역사 논술 수업을 하는 분들은 학생을 대상으로 역사 체험을 진행하고 시대별 연표 만들기를 하는 방법이 있다. 이 활동을 학생뿐만 아니라 학부모를 대상으로 진행해도 된다. 어머니 역사 교실을 열어 주 1회로 진행하면서 학습과 관리를 동시에 하는 것이다. 학부모 대상으로 역사 교실을 운영할 때는 3개월 진행 과정으로 무료 강좌를 오픈한다. 진행 시간은 길지 않게 1시간 30분으로 50분 수업, 40분 티타임으로 운영한다. 50분 수업을 모두 선생님의 강의로 진행할 필요는 없다. 가끔 역사 영화를 시청하고 이에 대한 강의를 진행해도 되고 역사 강의로 유명한 강사 강의를 활용해도 된다. 3개월 과정을 완료한 학부모에게는 수료증을 간단히 만들어 제공해줘도 좋다. 학부모들을 대상으로 진행할 때 주의해야 하는 것은 학습이 중심이 아니라 관리가 중심이라는 것이다. 따라서 내용이 너무 어렵거나 전문적일 필요는 없다는 것을 염두에 둬야 한다.

냉정 관리: 당연한 것은 없는 GIVE&TAKE

공부방을 운영하면서 신경을 쓰지 않아도 되는 학생과 학부모가 있다. 이런 학생과 학부모만 있다면 공부방 운영에 걱정이 전혀 없을 것 같은 민보학(믿고 보는 학생과 학부모)들이다. 매일 공부방에 잘 오는 학생, 많은 숙제를 군말 없이 해오는 학생, 수업 시간에 말썽 한 번 일으키지 않는 학생, 선생님께 조잘조잘 모든 이야기를 잘 말하는 학생, 수업료를 꼬박꼬박 잘 내는 학부모, 간식을 잘 챙겨주는 학부모, 상담 전화를 잘 받아주는 학부모, 별다른 요구나 불만이 없는 학부모, 다른 학생을 소개해주는 학부모들이라고 할 수 있다.

그러나 이런 학생과 학부모의 태도가 당연하다고 여기는 순간 달라지는 선생님의 모습이 드러난다. 매일 공부방 오는 학생과 많은 숙제도 군말 없이 해오는 학생이 당연하다고 생각하는 순간 선생님은 학생을 칭찬하지 않는다. 수업료를 꼬박꼬박 잘 내는 학부모와 별다른 불만이나 요구가 없는 학부모가 당연하다고 생각하는 순간 선생님은 학부모에게 감사함을 잊고 지낸다.

당연한 것이 당연하지 않을 수 있음을 늘 생각해야 한다. 잘하는 학생과 학부모에게 더 관심을 가지고 칭찬하고 감사함을 표현해야 한다. GIVE&TAKE라는 말이 무정한 단어인 것 같지만 가장 확실한 감정을 가진 단어다. 초창기 6개월 반짝 공부방이 잘되는 것 같더니 어느 순간 서서히 학생 수가 줄어든다면 바로 냉정 관리가 되지 않아서 발생하는 문제라는 것을 간과해서는 안 된다.

03

공부방 안정 3년 시스템
정체할 것인가? 정착할 것인가?

서당 개 3년이면 풍월을 읊는다는 말이 있다. 지나가는 개도 같은 내용을 3년 정도 들으면 비슷하게는 한다는 말이기도 하지만 그만큼 서당의 일, 즉 가르치는 일은 같은 내용의 반복이라는 의미일 것이다. 학생들은 주로 듣고 선생님이 설명을 많이 해서 오히려 듣는 학생보다 말하는 선생님이 내용을 더 잘 기억하고 있다. 공부방 선생님이 하는 일이 그렇다. 3년 정도 하고 나면 눈 감고도 다 알 것 같은 생각이 든다. 그래서 찾아오는 것이 바로 자만심이요 좀 더 지나치면 매너리즘에 빠지기도 한다.

또는 반대의 경우도 있다. 3년을 했는데도 매년 가르치는 일이 쉽지 않고 학부모를 상대하는 일이 부담되는 선생님도 있을 것이다. 그러다 보니 항상 그 자리인 것 같고 무언가 변화나 발전이 없는 거 같아 마음 한구석이 늘 답답한 상태가 지속되고 있을 것이다.

운영한 지 3년 정도 된 공부방 모습을 보면 그 공부방의 향후 모습이 어느 정도 예측된다. 공부방의 현재 모습은 곧 그 공부방의 과거 운영 방법의 결과이기 때문에 그에 따라 발전 가능성이 있는지 없는지 가늠된다. 공부방을 오픈하고 처음부터 열심히 자신만의 공부방의 표준화 시스템을 구축하며 달려온 선생님들은 공부방 성장의 꽃을 피우기 시작한다. 반면에 어떤 분은 3년 정도 지나면 학생들과의 수업이 재미가 없어지고 예민한 학부모 상담에 지치기 시작하며 초창기 열정이 서서히 식어간다. 이런 상황은 주로 관리하는 학생 수에 따라 나뉜다.

공부방 학생이 15명 미만 정도 되는 곳은 공부방 운영을 사업이라고 생각하지 않는 경우나 집에서 편하게 적당히 벌면서 만족하는 분들이 대부분이다. 학생을 더 늘리고 싶은 마음도 없고, 빠지면 빠진 수만큼만 채우면 된다는 생각을 하고 있다.

25명 이상~35명 미만의 학생으로 운영되는 공부방은 어느 정도 운영이 정착했다고 볼 수 있다. 그런데 학생들이 늘어나면서 수업에 허덕허덕 지치기도 하고 관리가 힘든 학생과 학부모로 머리가 아파 여기서 탈출할 방법은 없을까 고민하는 시기이기도 하다. 이런 분들은 현재의 모습이 공부방을 시작할 때 기대하던 공부방의 모습이 아니라고 말하는 경우도 있다. 하지만 그럭저럭 운영되고 있기에 현재 모습에서 굳이 변화를 줄 생각은 별로 없다. 지금까지 오는 것도 좌충우돌 쉽지 않았기 때문이다.

첫 입사의 설렘도 잠시, 입사한 지 3년 차쯤 되면 직장인이 매너리즘에 빠지기도 하고 슬럼프가 오듯 공부방 운영도 마찬가지다. 공부방 운영 3년 차는 정체하고 있는 공부방이거나 정착했지만 왠지 모르게 마음 한구석에 허전함이 자리 잡고 있는 시기다. 따라서 공부방이 정착한 것이 아니라 정체하고 있는 것은 아닌지 체크해봐야 하는 시기다. 만약 정체하고 있다면 공부방이 안정적으로 정착할 수 있는 방법을 찾아야 한다.

15명 미만 공부방 체크 시스템

공부방 운영 실태를 조사하다 보니, 학생 수 15명 미만으로 운영되는 곳이 상당히 많았다. 놀라운 점은, 이렇게 소규모로 운영하는 선생님들의 운영 만족도가 낮지 않았다는 것이다.

그 이유를 살펴보면 처음부터 크게 욕심을 가지고 시작하지 않았다는 의견과 하다 보니 그냥 지금이 편하다는 의견, 그리고 솔직하게 말하면 현재 상황에서 더 성장하려고 노력하지 않고 있다는 의견 등이 많았다. 결국 그 답변이 현재의 모습을 말해주고 있다는 것을 알 수 있다. 소규모로 운영하는 것이 잘못된 것은 아니다. 적은 아이들로도 얼마든지 보람을 느끼며 경제적인 만족을 하고 있다면 꾸준하게 잘 운영해도 좋다.

공부방 성장이 간절하다면?

하지만 현재 운영하는 공부방 상황에 만족하고 있지 않다면 가장 먼저 본인 스스로에게 물어봐야 한다. '나는 왜 공부방을 시작했는가? 나는 공부방 운영으로 어느 정도의 수입을 목표로 잡았는가?'에 대한 솔직한 자기 답변이 있어야 한다. 부담 없이 시작할 수 있어서, 공부방을 오픈하고 나니 다행스럽게도 학생 몇 명이 들어와서 시작하게 됐다면 지금의 상황은 당연한 현실이라는 것을 인정해야 한다.

현재 상황에서 벗어나 어느 정도 규모가 있는 공부방으로 성장하고 싶은 마음이 간절하다면 처음 공부방을 시작하는 마음으로 목표를 다시 설정해야 한다. 목표 설정을 해야 하고, 그것이 중요하다는 것을 몰라서 못 하는 분은 없다. 실제로 펜을 들고 직접 적어보면서 생각하고 고민하는 시간이 중요하다. 언제까지 몇 명의 학생을 모집해 얼마의 수익을 내는 공부방으로 성장시킬지 구체적인 수치를 가진 목표를 정해야 한다. 이때 그 기간을 너무 길게 잡지 않는 것이 중요하다. 기간을 길게 잡다 보면 느슨해지기 쉽고 경제적으로 크게 어렵지 않은 경우는 '이 정도면 됐지'라는 생각으로 돌아가기 십상이다. 따라서 6개월 이내에 도전할 수 있는 목표를 정하는 것이 좋다. 조금 더 강한 동기 부여를 위해서 자동차를 바꾼다든가 연금을 들어서 반드시 해낼 수 있도록 하는 것도 방법이다. 목표가 구체적으로 정해지면 이에 따라 홍보, 상담, 수업, 관리 시스템을 재정비해야 한다.

공부방 관리 시스템이 빨간불이라면?

홍보, 상담, 수업, 관리 시스템을 재정비하기 위해서는 공부방 운영 상태의 가장 큰 문제점이 무엇인지 파악할 수 있어야 한다. 3년이 지나도록 학생이 15명 미만에서 정체돼있다면 대부분 관리 소홀로 인해 좋은 공부방 이미지를 만들지 못해서다. 이 문제점을 본인이 잘 알고 있다면 그 부분을 보완하면 좋겠지만 대부분 무엇이 문제인지 잘 모르는 경우가 많다. 그렇다면 어떤 방법으로 문제점을 파악할까?

우선 학생들을 통해 알아보는 방법이 있다. 학생들에게 공부방을 다니면서 혹시 불만이 있느냐는 직접적인 질문은 적절하지 않다. 대신 어떤 것을 하면 더 재미가 있을지, 다른 친구들이 다니는 공부방이나 학원에서 해주는 것 중에 우리도 해주면 좋겠다고 생각하는 것이 있는지 개별적으로 물어보는 것이 좋다. 학생이 많지 않기 때문에 알아보는 데에 시간이 오래 걸리지도 않을뿐더러 학생들이 원하는 것을 질문하는 것이기 때문에 적극적으로 의견을 받고 실질적인 아이디어를 얻을 수 있다. 학생들이 말한 의견을 모두 수용하는 것은 무리가 있을 수 있다. 가장 많이 나온 의견이나 공부방에서 바로 시행할 수 있는 것을 반영하면 학생들의 만족도가 높아진다. 학생들의 만족도가 높아지면 학생 소개가 이어질 수 있고 소개가 갑자기 일어나지는 않더라도 최소한 그만두는 학생은 줄일 수 있다.

다음은 학부모 상담 관리의 변화를 시도하는 것이다. 15명 미만으로 운영하는 공부방의 경우 대부분 학부모 관리를 전화 상담으로 하는 경우가 많다. 처음에는 사소한 일로도 전화 상담을 통해서 학생의 상황이 어떤지, 어떻게 적응해서 공부하고 있는지 열심히 관리한다. 그러다가 1년 정도 지나면 상담에서 주로 하는 말이 비슷해지고 학부모들도 어차피 비슷한 이야기라는 것을 알기 때문에 바쁘다는 이유로 전화를 잘 받지 않는다. 자연스럽게 큰일이 일어나지 않는 한 선생님도 전화 상담을 하지 않고 학부모도 학생이 별 불만이 없이 다니면 한동안 계속 보낸다. 하지만 이런 학생과 학부모는 그 공부방을 다니는 주기가 1년이라고 보면 된다. 큰 불만도 없지만 큰 만족도 없기 때문에 새 학기가 되면 옮겨볼까 생각하고 실제로 조용히 그만두는 경우가 발생한다.

전화 상담 관리는 분명히 한계가 있다. 아무리 학부모가 바쁘다는 핑계로 공부방에 방문하지 않는다고 해도 방문을 하게 하거나 커피숍에서 차 한 잔이라도 하며 얼굴을 마주 보는 것이 중요하다. 이것이 어렵다면 과감하게 한 번쯤 휴일을 이용해 학생의 집을 찾아가 보는 것도 좋다. 공부방은 대부분 동네에서 운영되므로 방문하기도 어렵지 않다. 부담 가지 않는 선에서 간단한 음료수나 빵을 사서 "공부방을 믿고 보내주셨는데 어머님 얼굴을 뵙고 감사 인사도 못 드린 것 같아 지나가다 들렸다"고 말하면 된다. 문밖에서 얼굴만 보고 간다고 해도 학부모는 공부방 선생님에 대한 마음이 달라진다. 건널목 신호등이 늘 빨간불이 아니듯이 공부방 관리도 조금만 신경 쓴다면 안전하게 건널 수 있는 파란불이 될 수 있다.

학부모가 달라지는 자녀의 모습을 모른다면?

끝으로 지속적으로 할 수 있는 학습 관리 결과물을 만들어 학생의 공부 습관을 바꾸고, 학부모들에게 자녀의 학습 변화와 학습 효과를 알리는 활동을 해야 한다. 대부분 학생이 많지 않기 때문에 수업 시간에 학생들을 충실히 가르쳤고 무엇보다 수업만큼은 열심히 했노라고 말할 것이다. 하지만 그것은 선생님만 그렇게 생각할 뿐이요, 정작 그것을 알아야 할 학부모는 모르는 분이 많다. 학부모들은 자녀가 공부방에서 무엇을 배우는지, 공부하면서 얼마나 실력이 늘고 있는지 가장 궁금해하며 알고 싶어 한다. 그것이 확인되지 않으면 학부모는 시간이 지날수록 공부방에 대한 신뢰도가 떨어질 수밖에 없다. 특히 초등학생의 경우 결과를 알 수 있는 중간, 기말고사가 많이 줄었기 때문에 이에 대한 관리가 더 중요하다.

효과적인 학습 관리 결과물을 만들 수 있는 대표적인 몇 가지 예를 들자면 다음과 같은 것들이 있다. 먼저 기본 교재 외 프린트 관리 파일을 월 단위로 정리해 학부모에게 보내는 방법이다. 파일을 보낼 때 이왕이면 깔끔하게 겉표지를 만들고 학생이 한 달 동안 얼마나 열심히 해서 어떤 부분이 좋아졌는지 간단한 메모지에 적어서 보내는 것이 좋다. 또는 학생이 부모님께 전달하지 않는 경우도 있으므로 프린트 관리 파일을 사진으로 찍어 문자나 카톡으로 학부모에게 보내고 난 다음 확인하고 칭찬해주라는 내용의 메시지를 보내면 더 효과적이다.

다음은 연습장의 활용이다. 보통은 문제를 풀 때 교재에 직접 문제를 풀도록 하거나 프린트 이면지에 풀게 하는 경우가 있다. 프린트 이면지에 문제를 푼 경우 그대로 쓰레기가 된다. 이런 방법보다는 개인 문제 풀이 연습장을 준비해 사 등분 해서 풀이 과정을 알아볼 수 있도록 푸는 연습을 하도록 하는 것이 좋다. 연습장 한 권이 다 채워지면 버리지 말고 학부모에게 보내도록 한다. 영어 같은 경우도 단어 시험이나 해석을 쓰는 노트를 별도로 만들어 한 권이 다 채워지면 학부모에게 보내는 것이 좋다. 이렇게 학부모에게 보내면 학생들도 문제를 풀 때 엉망인 글씨로 대충 푸는 습관이 고쳐지게 되고 학부모들은 자녀가 조금 나아지고 있다는 것을 눈으로 직접 확인할 수 있어 일석이조의 효과를 볼 수 있다.

25명 이상~35명 미만 공부방 체크 시스템

　3년 차에 이 정도 규모로 공부방이 운영되고 있다면 선생님들 스스로 그동안 열심히 달려왔다고 생각한다. 하지만 35명 그 이상 학생이 늘어나지 않는 시기가 온다. 학생이 늘어나는가 싶다가도 신기하게 다시 빠져나간다. 학생이 몇 명 더 늘어나면 많은 학생이 들어온 것이 아님에도 불구하고 힘에 부쳐 늘어난 학생이 오히려 달갑지 않은 마음일 때도 있다. 이런 상황이 반복되다 보니 공부방 학생 수는 안정돼 보이지만 운영하는 선생님은 안정됐다는 생각보다 힘들다는 생각을 더 자주 하게 된다. 그 이유는 간단하다. 학생은 어느 정도 모였지만 공부방 시스템은 제대로 정착되지 않았기 때문이다. 공부방의 정착은 학생 수가 아니라 시스템의 안정적인 정착이 됐을 때 가능하다. 3년 차 공부방 시스템 정착, 어떻게 해야 할까?

3년 전 공부방 환경 VS 현재 공부방 환경

　현재 공부방으로 운영되는 공간이 방이든, 거실이든 상관없이 둘러보라. 그리고 처음 공부방을 오픈했을 때의 모습과 비교해보라. 그 모습 그대로라면 본인에게 박수를, 공부방에 오는 학생에게 칭찬을 듬뿍 해줘야 한다. 3년 정도 공부방으로 사용된 곳은 어쩔 수 없이 여기저기 흠집이 나 있기 마련이며 아무리 깨끗이 청소해도 별로 티가 나지 않는 공간으로 변해있다. 학생이 많아지면서 현관 앞에 벗어놓은 신발들이 이리저리 널려있고 학생이 들고 오는 가방이 여기저기 던져진다. 물컵이 주방에 쌓이기 시작하고 채점해야 하는 교재가 선생님 책상에 쌓이기 시작한다. 방바닥과 책상에 지우개 가루가 너저분하고 부러진 연필심과 색연필 조각이 눈살을 찌푸리게 할 것이다. 이런 공부방 환경에 선생님도 학생도 적응돼있기 때문에 거부감도 없다. 바로 그 지점에서 공부방 시스템 정착이 흔들리기 시작했다는 것을 알아야 한다.

학생이 늘어났는데 여전히 작은 공부방을 사용하고 있다면 넓은 공부방이나 거실로 장소를 바꿔주는 것이 좋다. 지저분하고 망가진 책상이나 의자가 있다면 교체하고 현관 앞 입구가 신발로 너저분하다면 학생용 신발장을 별도로 마련해 학생이 직접 신발을 정리하고 들어올 수 있도록 해야 한다. 또한 책가방 놓는 장소를 마련해 정리하도록 하든가 책상 옆에 책가방 고리를 부착해 이동의 불편함을 줄여야 한다. 지우개 가루가 날리지 않도록 책상에 미니 지우개 가루 청소기를 비치하고 개인 책상 위에 개인 교재나 노트 프린트를 관리하는 파일함을 비치해 공부방에서 움직이는 동선을 최소화하도록 하는 것이 좋다. 물컵이 싱크대에 쌓이는 것이 부담된다면 종이컵으로 바꾸고 물은 수업 전이나 후에만 마시는 규칙을 정하는 것이 필요하다. 이런 사소한 것들이 해결되지 않으면 잡무가 돼 수업 외의 피로도가 올라가고 정작 중요한 학습적인 부분을 놓쳐 학습 관리의 누수가 생기게 된다.

수업 시간표&수업 프로세스 정비

적지도 않지만 그렇다고 관리하기에 많은 학생의 수도 아닌 25명에서 35명 사이의 공부방에서 수업이 힘들다고 이야기하시는 분들이 있다. 어떤 요일은 학생이 몰려 정신없이 바쁘고 듬성듬성 수업이 있는 날은 바쁘지는 않지만 그렇다고 편안히 쉴 수도 없어 피곤하기는 마찬가지라는 것이다. 매시간 학년별로 수업이 이뤄지는 것이 가장 이상적이지만 실제로 운영해보면 학년별 수업이 쉽지 않다. 그날그날 변수가 발생해 지각과 결석이 생기고 이에 대한 보강과 보충을 해줘야 한다. 그런데 학생이 오는 대로, 학부모가 요청하는 대로 보강과 보충을 해주다 보면 체력의 한계가 오고 수업의 집중력도 떨어져 본 수업의 학습 효과를 보기가 어렵다.

수업 시간표는 공부방 시스템 정착에서 무척 중요한 부분이다. 따라서 시간표 운영 규칙을 정해 학부모와 학생에게 시간표의 중요성을 인식시켜야 한다. 예를 들어 20분 이상 지각이 예상되면 다른 요일이나 다른 학년과 함께 수업해야 함을 알려 지각하지 않도록 주지시키는 방법이 있다. 부득이한 사정으로 수업에 빠지는 날은 무조건 토요일 보충으로 잡고 토요일에 오지 못하는 경우 추후 보강은 어렵다는 것을 공지해 결석을 최소화하는 방법도 고려해 볼 만하다.

수업 프로세스의 표준화도 매우 중요하다. 선생님의 책상에 채점할 교재가 쌓이기 시작했다는 것은 정해진 프로세스 없이 교재 진도대로 나가다가 학생들이 많아지다 보니 어느새 감당이 안 되는 상황이 된 것이다. 효율적인 수업을 운영하기 위해서는 과목의 특성을 고려해야 한다. 수학의 경우 개념을 설명하는 날과 문제를 푸는 날, 오답 문제를 다시 한번 확인하는 날 등 요일별 수업으로 분류해 진행하는 수업 프로세스를 고민해봐야 한다. 영어의 경우도 매시간 단어 테스트를 기본으로 운영하되 영역별로 문법과 독해 공부하는 날을 분류하고 학교 내신 대비를 하는 요일을 별도로 운영하는 것이 좋다. 이렇게 요일별 학습 프로세스를 표준화해 운영하면 해당하는 요일에 빠진 수업을 들으면 되기 때문에 보충이나 보강을 해주기도 수월하다.

공부방 기승전 성적 결과

학교 시험이 많이 줄어들다 보니 학부모와 학생이 느끼는 학습 부담이 예전 같지 않다. 그렇다고 해서 학부모가 학교 시험이나 성적을 중요하지 않게 생각하는 것은 아니다. 오히려 학교 시험으로 파악할 수 없으니 실제 자녀의 수준이 어느 정도인지 알고 싶어 하고 꾸준히 실력을 관리해주기를 바란다. 그래서 초등 중심의 공부방은 학교에서 열리는 수학 경시나 영어 경시대회를 꼼꼼히 챙겨서 수상자를 배출할 수 있도록 신경을 써야 하고 논술 공부방의 경우는 글쓰기 대회를 잘 챙겨야 한다. 또한 학교에서 수시로 단원평가를 보기 때문에 이에 대한 관리를 꼼꼼히 해야 한다. 단원평가를 언제 보는지, 결과는 어땠는지 체크해 그 결과를 학부모와 공유하는 것이 중요하다.

중등 중심 공부방은 성적 결과에 따라 학생의 변동이 자주 일어나기 때문에 초등 중심 공부방보다 더 많이 신경 써야 한다. 공부방에 오는 학생들은 대부분 공부를 잘하는 학생보다 실력이 매우 부족하거나 공부 습관이 제대로 잡히지 않은 경우가 많기 때문에 성적 향상이 더딜 수밖에 없다. 따라서 상담 학부모와 학생에게 어느 정도의 성적이나 실력 향상의 시간이 필요함을 인식시켜야 한다. 그렇다고 무턱대고 기다려달라고 하면 학부모에게 신뢰를 줄 수 없어 불안감에 학생을 맡기는 것을 꺼리게 된다. 따라서 현재 다니고 있는 학생의 예를 들며 공부방 수업을 잘 따라오면 좋은 결과를 얻을 수 있다는 믿음을 주는 것이 중요하다.

04
공부방 정착 5년 시스템
프로 학원형 공부방으로 도약

표준화된 공부방 시스템이 제대로 정착되면 4, 5년 차를 지나면서 입소문이 나는 공부방이 된다. 그리고 서서히 학생들이 증가하면서 어느새 잘나가는 공부방으로 자리 잡는다. 이런 공부방은 학생 수가 70~80명 가까이 되는 공부방으로 자리가 없어 대기해야 들어갈 수 있을 만큼 유명하다. 보조 선생님을 두고 100명이 넘는 학생을 관리하는 공부방도 있다. 당연히 모든 공부방 선생님들이 꿈꾸는 억대 연봉의 수익을 올리고 있다. 그 많은 학생을 지도하면서도 전혀 어려움이 없다고 말씀을 하시는, 그야말로 프로 학원형 공부방 CEO라 할 수 있는 분들이다.

이렇게 잘나가는 대박 공부방 선생님들은 고민이 없을까? 그렇지는 않다. 이분들이 대체 무엇이 걱정일까 싶지만 나름의 고민을 한다. '공부방에서 운영하기에는 학생이 너무 많으니 근처 학원으로 확장해서 나가는 것이 낫지 않을까? 주거 생활공간 제약이 심해지는데 공부방 공간을 아예 구분해서 전용 공부방으로 이전해야 하나? 공간이 부족한데 비용을 들여서 리모델링이라도 해야 할까? 세금 문제도 보통이 아닌데 어떻게 하면 원만하게 해결할 수 있을까? 관리를 효과적으로 하려면 사람이 더 필요한 것은 아닐까? 학생들이 많이 오가면서 주변 주민들에게 불편함을 주는 것은 아닐까? 올라가는 것은 어렵지만 무너지는 것은 한순간인데 조금 더 좋은 공부방으로 발전할 방법은 없을까?' 이처럼 잘되는 공부방 선생님의 고민은 차원이 다르다.

학원형 공부방 확장해볼까?

꾸준하게 70~80명을 유지하는 공부방의 경우 자연스럽게 학원 확장에 대한 고민이 생긴다. 공부방 리모델링을 고민해봐야 하는 상황이라면 비용을 조금 더 투자해 깔끔하게 학원으로 확장해서 나가는 것이 낫지 않을까 생각하는 것은 당연하다. 그러나 학원을 운영하다가 상황이 어려워 공부방으로 전환하신 분들이 만만하지 않다고 말하는 것처럼 공부방을 운영하던 선생님이 학원을 경영하는 것도 쉽지 않다. 똑같이 학생을 가르치고 학부모를 관리하는 일이지만 학원과 공부방 운영은 엄연히 다르다.

먼저 아무리 작은 학원으로 오픈한다고 해도 초기 투자 비용이 만만치 않다. 시설 투자 비용 줄이고자 깔끔한 학원을 찾았다고 할지라도 보증금에 임대료, 관리비 등 매월 나가지 않았던 지출이 생긴다. 투자했으니 공부방보다 더 수익을 내기 위해 강사를 구하게 되고 이에 따른 강사 월급도 큰 부담이 된다. 또한 오픈 과정이 꽤 까다롭고 시간이 걸리기 때문에 신중히 생각해서 학원 확장을 결정해야 한다.

학원 확장이 쉽지 않으므로 주거 공간과 별도로 분리해 전용 공부방을 운영하는 것도 고려해 볼 만하다. 단독으로 전용 공부방으로 이전하면 공간 활용성도 높아지고 학생도 더 받을 수 있어 대기 번호를 받은 학생들이 다른 곳으로 이동하는 것을 막을 수 있다. 학생 수가 70명을 넘어가는 공부방의 경우 많이 선택하는 방법이기도 하다. 학원형 공부방에 해당한다고 볼 수 있는데 거실 포함 3~4개 공간이 나오기 때문에 학원과 같은 상담실, 자습실 등의 활용도를 높일 수 있다. 하지만 이것 역시 규제 요소가 있어 이를 잘 파악해봐야 한다. 공부방은 실거주지에서 운영해야 한다는 법 규정이 있다. 교육청에서 실사를 나와 실제 거주 여부를 확인하는 경우도 있으니 별도 공부방으로 운영하려면 실사에 잘 대비해야 한다.

　학생들이 많아지면 보조 교사 채용이나 동업을 생각하는 분들도 있을 것이다. 공부방에서 보조 교사 채용이나(채점 아르바이트 포함) 동업은 불법이다. 부부나 자매 또는 친척(팔촌까지 가능)일 경우 가능한데 이 역시 한 사람이 행정이나 관리를 담당하고 있을 경우로 한정하고 있으니 유의해야 한다. 각 지역의 교육청마다 관리하는 수준이 다르니 관할 교육청에서 규정하는 법을 잘 살펴보고 법이 용인하는 선에서 운영하는 것이 좋다.

차원이 다른 공부방 경쟁력과 품격

　잘되는 공부방도 아마추어로 머무는 공부방이 있는가 하면 품격 있게 프로 공부방으로 업그레이드되는 공부방도 있다. 업그레이드되는 공부방은 운영 실력보다 공부방을 운영하는 자세에 따라 달라진다. 벼가 익을수록 고개를 숙이듯 프로 공부방으로 진입하는 선생님들은 겸손하며 공부방을 운영하는 자세에 품격이 느껴진다. 저 정도 잘되는 공부방이라면 굳이 저렇게까지 하지 않아도 될 법한 일을 꾸준히 하는 것을 볼 수 있다. 무언가 대단한 것을 하는 것은 아니다. 변함없이 공부방 운영의 가장 기본 시스템인 홍보, 상담, 수업, 관리를 하는 것이다. 다른 점이 있다면 정착된 시스템을 바탕으로 아끼지 않고 과감하게 투자한다는 것이다. 그 정도 수익이 나는 공부방이라면 충분히 투자할 수 있을 것으로 생각하지만 의외로 그렇지 않은 공부방도 있다.

　다음은 인터뷰를 통해 들었던 사례를 간단히 정리한 내용이다. 아마추어를 넘어 프로 학원형 공부방으로 가는 선생님들은 더 사소한 부분까지 챙기며 다른 공부방과의 차별화된 경쟁력을 갖추기 위해 끊임없이 노력하고 있다는 것을 알 수 있다.

Y 선생님

"아파트 현관문 앞에 정기적으로 붙어있는 자석 전단이나 게시판 홍보도 꾸준히 하지만 아파트 엘리베이터 광고를 이용하거나 학교 앞 교통 신호등 홍보를 추가해서 알리기도 합니다. 시험 기간에는 학생들을 응원하는 메시지를 담아 대형 현수막을 만들어 등교 시간에 들고 있기도 한데, 의외로 학생들이 엄청나게 좋아하더라고요. 대형 현수막 들고 서 있는 것이 쑥스러웠는데 아이들이 좋아하는 모습을 보니까 잘했다는 생각이 들었어요."

J 선생님

"공부방 운영 초창기에는 사실 여유가 없어서 간식 하나 더 준비하는 것이 생각보다 지출이 많아 손이 떨렸어요. 그런데 이제는 좋은 간식으로 여유 있게 제공할 수 있어서 좋아요. 공부방에 와서 배고프다는 아이들이 많이 있는데 간식을 여유 있게 준비하니까 오히려 학생들이 예전보다 먹는 걸 조절하더라고요. 부족할 때는 경쟁하듯이 먹었거든요. 학생들에게 과자 파티나 떡볶이 파티도 변함없이 열어주면서 정기적으로 통 크게 공연을 보여주거나 방학 때 직업 체험이나 미술관 관람 같은 것을 무료로 해주고 있어요. 이 부분은 학부모님들도 많이 좋아하시더라고요."

k 선생님

"저는 공부방에서 학생들이 머무는 시간이 중요하기 때문에 책상과 의자 등을 좋은 것으로 바꿨어요. 그리고 쉬는 시간이나 중간 이동 시 비는 시간에 읽을 수 있도록 필독서를 학년별로 구비해서 거실에 작은 책방을 꾸몄어요. 비용이 생각보다 많이 들어서 좋은 중고 책으로 구비 하고 중고 책이 없는 것은 새 책으로 구비하니까 비용도 많이 줄더라고 요. 그리고 저도 초등학생이 둘이라 책을 많이 읽었으면 해서 준비했는 데 공부방 학생들이 읽으니까 저희 아이들도 읽게 돼서 너무 좋아요."

H 선생님

"예전에는 이벤트를 진행할 때 작은 규모로 했지만, 지금은 비용이 더 들더라도 고급스럽게 준비하는 편이에요. 고급스러운 카페에서 브런치 간담회를 열어 부모님들께 좋은 교육 정보를 제공하기도 하고 어버이날 에는 학부모들을 위한 감동 이벤트를 열기도 합니다. 예전에는 공부방 을 소개해주는 친구에게 문화상품권을 주는 정도였지만 요즘은 성적이 우수하거나 성적 향상이 많이 된 학생들을 위해서 장학금 제도를 운용 해 학생들이 자발적으로 장학생에 도전하도록 하고 있어요. 그리고 공 부방을 졸업하거나 학교를 졸업하는 학생에게 의미 있는 선물을 해주면 서 축하해주고 있는데요. 이렇게 마음을 넉넉히 표현할 수 있어서 너무 기분이 좋습니다."

○ 선생님

"저는 5층에서 공부방을 하는데요. 학생들이 많아지니까 아이들이 많이 왔다 갔다 해서 시끄럽기도 하고 엘리베이터 이용도 불편하실 수 있을 텐데 불편함을 이해해주시는 아파트 주민들이 너무 고맙더라고요. 그래서 추석이나 설 같은 큰 명절을 앞두고 작은 감사 표시를 합니다. 특히 경비실 아저씨께는 더 틈틈이 인사도 자주 드리고 사소한 음료수라도 챙겨 드리고 있어요."

끊임없는 배움의 열정으로 점프 업

잘되는 공부방으로 성공한 선생님들의 공통적인 특징 중의 하나는 배움에 대한 열정이다. 많은 학생을 지도하느라 더 바쁘고 힘들 터인데 오히려 없는 시간을 쪼개 배우려고 노력한다. 최근 교육 동향이나 입시 변화에 따른 학습 전략 같은 교육을 기회 될 때마다 듣는 것은 기본이다. 학습에 필요한 자기주도학습 과정, 독서 논술 전문가 과정, 학습코칭 지도자 과정, 진로 진학 컨설팅 과정 등 다양한 교육과정을 공부해 실제 학습 관리나 학부모 상담에 적극 활용한다. 또한 한자나 한국사 인증 시험을 학생만 시키는 것이 아니라 직접 공부하며 자격증 획득에 도전하는 분들도 있다. 이처럼 잘되는 공부방 선생님들은 전문적이고 품격 있는 공부방 선생님으로 더 성장하기 위해 끊임없이 노력한다.

공부방이 주변과 비교 우위에 설 수 있는 경쟁력을 갖기 위해서는 전문적인 공부방 이미지를 만들어가는 것이 중요하다. 자녀가 고학년으로 올라갈수록 공부방이 아닌 전문적인 곳으로 옮기려고 마음먹는 학부모들이 많기 때문이다. 따라서 평소에 다양한 교육 정보에 관심을 가지고 다른 교육기관과 비교해 절대 뒤지고 있지 않음을 알릴 필요가 있다. 학원형 공부방은 주변 보통 학원과 비교해 전문성 면에서 오히려 우위에 있다는 이미지를 만드는 데 주력한다.

05

공부방 CEO 10년 시스템
변화와 도전으로 리뉴얼

10년 정도 공부방을 운영했다면 이미 공부방 전문가의 자격을 갖춘 것과 같다. 그런데 아직 잘되는 공부방이 아니라면 이제 시스템의 변화가 필요한 시기다. 오랫동안 운영하던 공부방 시스템이다 보니 변화를 준다는 것이 무척 두려울 수 있다. 심지어 시스템의 변화가 혹시 공부방 운영에 더 타격을 입히지는 않을까 걱정을 하는 분들도 있다. 하지만 변화의 속도가 점점 빨라지고 있는 요즘 세상에서는 변화로 인한 비용보다 변화하지 않고 같은 방식을 고수함으로써 드는 비용이 더 크다고 한다. 도전하고 변화한다고 해서 더나아질 것이라고 장담할 수는 없지만, 그 상황에서 변화를 주지 않는다면 그럭저럭 유지되는 공부방일지라도 서서히 도태될 가능성이 크다. 늘 하던 방식대로 운영한다면 기존 이상을 얻을 수 없다. 변화하지 않으면 억지로 변해야 하는 상황이 오기 때문이다. 10년 차, 잘되는 공부방으로 변화할 수 있는 도전을 해야 할 때다.

공부방 CEO 10년 홍보 시스템

공부방 운영을 10년을 했으니 당연히 회원 모집은 입소문이라는 생각에 머물러 있을 것이다. 또한 그 동네 주민이면 공부방이 어디 있는지 어떤 것을 잘해주는지 알고 있을 것으로 생각한다. 그래서 아마도 최근 홍보를 해본

기억이 어렴풋할 것이다. 바로 이런 생각과 상황이 공부방의 위기를 불러온다. 공부방은 10년간 그 자리에 그대로 있었겠지만, 그사이에도 동네에는 수없이 많은 사람이 들고 난다. 이런 사실을 간과하고 있다면 모든 주민이 자신의 공부방을 잘 알고 있을 것이라는 생각은 착각이다. 따라서 홍보는 처음 공부방을 시작하는 마음으로 다시 시작해야 한다. 공부방을 새롭게 시작하는 1년 차든 운영한 지 오래된 10년 차든 지속적으로 꾸준히 해야 하는 것이 홍보다. 공부방이 정체기나 쇠퇴기로 접어드는 가장 큰 이유 중의 하나는 바로 홍보의 초심을 잃었을 때다.

잊혀가는 공부방 알리기

남들과 색다르게 한다거나 처음부터 학생 모집 홍보를 할 필요는 없다. 이미 오래된 공부방이기 때문에 공부방 새 단장 감사 이벤트나 브런치, 카페 간담회 등의 행사 이벤트를 통해 잊혀가는 공부방을 주변에 상기시켜줄 필요가 있다. '○○ 공부방 10주년 기념 떡'을 해서 주변에 알리는 것도 방법이다. 떡을 돌릴 때는 같은 아파트 동 주민이나 근처 상가 특히 부동산, 미용실, 커피숍 등 엄마들이 자주 가는 곳에 돌리는 것이 좋다. 이런 행사가 너무 거창하고 부담스럽다면 아파트 게시판을 활용해 그동안 잘 성장한 학생들의 결과 등을 알리는 것으로 시작해도 좋다.

입소문이라는 착각에서 벗어나기

공부방 입소문을 만들기 위해 수업에만 전념하시는 선생님들이 있다. 잘 가르쳐야 입소문이 난다고 생각하기 때문이다. 맞는 말이지만 다 맞는 말은 아니다. 잘 가르치면서 잘 가르치는 것을 지속적으로 알려야 입소문이 난다.

예전에는 입소문 마케팅이 효과적이라고 생각했을지 모르지만, 요즘은 학년이 올라갈수록 다른 학생들이 내 아이의 경쟁자라고 생각하기 때문에 학부모들이 학원이나 공부방을 소개해주는 일이 예전 같지 않은 지역도 많다. 성적이 잘 나오는 학생들이 있음에도 불구하고 입소문이 나지 않는 경우도 있다. 성적은 만족스럽지만 다른 면으로 불만인 부분이 있기 때문이다. 그 불만이 무엇이 있을까를 고민해 방법을 찾아야 한다.

공부방 CEO 10년 상담 시스템

10년 차 선생님들이 부담 없이 하는 일은 상담이다. 상담을 많이 하다 보면 학부모가 무엇 때문에 찾아왔는지, 고민하는 점이 어떤 것인지 바로 알 수 있다고 한다. 다년간의 경험으로 상담에 자신 있고 노련미가 생겨서 웬만하면 한 번 상담하면 학부모를 그냥 돌려보내지 않고 반드시 신규 회원 등록을 했다는 것이다. 그런데 언젠가부터 기존대로 상담을 잘했음에도 불구하고 공부방 회원 등록으로 이어지지 않아 당황하는 일이 발생한다고 한다. 이유가 무엇인지 물어보니 요즘 엄마들이 자녀가 하나인 경우가 많아 유별나고 까다롭다는 의견이 있었다. 그리고 여기저기 학원이나 공부방이 많다 보니 선택지가 많은 학부모 입장에서 보면 당연하다는 답변들이었다.

상담 방식의 변화

학부모들의 세대가 달라짐에 따라 학부모가 원하는 니즈도 달라지고 있다는 것은 예전과 같은 방식의 같은 메시지를 담은 상담이 현재의 학부모들에게 맞지 않을 수 있다는 말이다. 기존의 상담 스타일이 선생님이 주도해 설명하는 방식이었다면 변화가 필요하다. 예전의 학부모들은 진짜 몰라서 알아보기 위해 상담을 요청하는 분들이 많았다. 요즘 학부모들은 자신도 잘 알지만 자신보다 더 잘 아는 곳을 찾는다. 이런 학부모들은 듣기 위해서 오는 것이 아니라 부족한 부분을 요청하기 위해서 공부방을 찾는다. 따라서 '내가 이만큼을 알고 있으니 자녀를 보내세요'가 아닌 '알고 계신 것을 말씀해주시면 학생에게 무엇이 필요한지 말씀드리겠습니다'가 돼야 한다. 즉, 개별 맞춤 전문 상담이 되어야 한다. 이제 학부모를 학생 대하듯 상담하는 방식은 통하지 않는다.

상담의 전문성과 시각적 효과

상담 시 상담의 전문성과 시각적 효과를 높이는 방법도 고민해봐야 한다. 적당히 말로 설득하는 상담은 학부모의 관심을 끌 수 없다. 공부방 전체 운영 방식과 프로그램, 시간표 운영 등을 담은 파일을 넘겨 가며 설명하는 방식이 보편적인 상담이었다면 조금 더 투자해 상담 브로슈어를 제작해 고급스러운 느낌을 주는 것도 필요하다. 또는 노트북을 활용해 교육의 흐름을 설명하면서 공부방 프로그램을 설명하거나, 교육 이슈에 대한 뉴스 혹은 공부 방법에 관한 5분 이내의 간단한 영상을 보여주며 상담하는 방법도 있다. 영상을 보여주고 난 뒤 어떻게 공부하는 것이 진짜 공부인지, 그 공부를 공부방에서 실제로 어떻게 하는지를 설명하는 것이다. 말로 하는 설명보다 더 이해가 잘되는 상담이 될 수 있다.

공부방 CEO 10년 수업 시스템

　10년 전만 하더라도 학부모가 공부방에 보내는 이유는 공부나 학습보다 오히려 보육의 비중이 컸다. 물론 아직도 초등학교 저학년의 경우 보육 개념으로 보내는 학부모가 있다. 그러나 요즘 들어서는 학교에서 배우는 공부가 부족해서 보내는 경우, 잘 따라가지 못해서 보내는 경우도 있지만 대부분 학교에서 자녀가 조금 더 잘해서 다른 아이들보다 돋보였으면 하는 마음으로 보낸다. 공부 실력을 키워 조금 더 좋은 상급 학교에 진학하기를 바라는 마음 역시 크다. 그렇기 때문에 공부방은 학교 성적과 학생의 공부 실력에 책임을 지게 되고 그에 대한 부담이 전에 비해 커졌다.

일방적인 수업의 한계

　학생들이 학교에서 공부하는 방식이 많이 달라졌다. 선생님이 일방적으로 가르치는 수업 방식에서 모둠 수업, 토론 수업, 발표 수업과 같은 학생 참여형 수업이 많아졌다.

　그뿐만 아니라 평가 방식도 서술형 논술 평가 비중이 높아지다 보니 문제를 많이 풀어서 성적을 올리는 방법은 한계가 있다. 또한 지역별 차이도 있지만 학생별 개인차가 심하게 나타나고 있어 선생님이 일방적으로 가르치다 보면 학생의 수준 차이로 인한 고민을 많이 하게 된다. 처음 공부방을 시작할 때는 젊기도 하고 열정이 있어 같은 설명을 몇 번이고 반복해서 해줄 수 있었을 것이다. 하지만 시간이 갈수록 체력의 한계가 오고 '이것이 과연 학생의 실력을 향상해 주는 방법인가'라는 회의가 들기도 하는 시점이 온다.

커리큘럼과 시스템 재점검

만약 그런 시점이 온다면 우선 현재 운영하는 커리큘럼을 점검해볼 필요가 있다. 익숙한 교재에 익숙한 시간표로 운영을 오랫동안 지속하다 보면 매너리즘에 빠지기 때문이다. 이런 경우라면 과감하게 새로운 교재나 새로운 수업 시스템을 도입해 운영해보는 것도 좋은 방법이다.

물론 새로운 시스템을 도입하다 보면 처음에는 낯설고 익숙하지 않아서 적응하는 데 시간이 걸리고 다시 공부해야 하기 때문에 힘들 수도 있다. 하지만 새로운 교재와 수업 방식에 대해 고민하고 분석하면서 매너리즘에서 벗어날 수 있는 탈출구가 되고 잃어버린 열정을 되찾을 수 있는 계기가 된다. 학생들 역시 새로 도입된 수업 시스템으로 공부하면서 공부에 대한 호기심이 생기는 긍정적 효과가 있다.

특히 코로나 이후 온라인 콘텐츠를 활용한 수업 시스템이 보편화되고 있다. 10년 이상 공부방을 운영하신 분이라면 대부분 지면 중심의 학습과 직강 위주의 수업을 했기 때문에 온라인 수업 시스템에 대한 확신이 부족하고 어렵게 느껴질 수 있다. 하지만 온라인 학습의 장점을 잘 살릴 수 있다면 학생들에게 가장 중요한 개인 맞춤 학습 설계가 가능하다. 또한 반복 설명에 지쳐가는 자신과 학생에게 큰 도움이 된다는 것은 분명한 사실이다.

공부방 CEO 10년 관리 시스템

공부방을 오래 운영하신 선생님일수록 익숙한 전화 관리를 선호한다. 정기적인 전화 관리 상담은 효율적인 방법이지만 효과적인 상담 방법이라고 볼 수는 없다. 직장에 다니는 학부모들이 많아지면서 전화 상담마저 쉽지 않아 고민하는 분들도 많다. 그러다 보니 전화 상담도 늘 소통하는 학부모만 진행되고 그렇지 않은 학부모는 학습 안내문이나 문자로 관리하게 된다. 그마저도 쉽지 않아 관리의 누수가 발생해 갑작스레 그만두는 학생이 생기기도 한다. 갈수록 힘들어지는 학부모와 소통, 어렵다고, 어쩔 수 없다고 포기할 것이 아니라 요즘 학부모의 세대에 맞는 소통 방식을 찾아보는 노력이 필요하다.

온라인 소통의 활용

요즘 세대의 학부모들은 온라인 소통에 익숙해진 세대다. 온라인 소통의 대표적인 방법은 밴드와 블로그가 있다. 그리고 젊은 세대 학부모와 학생들 소통을 위해 인스타를 활용하는 방법이 있다. 선생님의 성향에 따라 밴드나 블로그 관리가 어렵고 귀찮을 수 있다. 보여주기 위한 관리를 하니 그 시간에 공부방 내실에 더 힘을 쏟겠다고 말하는 분도 있다. 하지만 공부방에서 어떤 공부를 하고 있는지 궁금해하는 학부모들에게 공부방 운영 모습을 보여주면서 궁금증을 해소해 줄 수 있는 좋은 방법이 밴드와 블로그 그리고 인스타이다. 온라인 소통은 학부모와 대면하지 않는 관리이기 때문에 부담이 없는 관리 방법이며 잘 관리만 한다면 홍보 효과까지 볼 수 있는 장점이 있다.

효율적인 밴드와 블로그, 인스타 활용

밴드와 블로그는 각각의 특장점이 다르니 본인이 할 수 있고 자신에게 맞는 방법을 선택한다. 밴드는 공부방에 다니는 학부모들만 초대해 운영하는 폐쇄적인 공간이며 다른 사람들이 볼 수 없기 때문에 공부방 행사나 학생들 사진, 공부방 프로그램 등을 자유롭게 올릴 수 있다. 단톡방 운영보다 이벤트나 공지 사항을 자세히 안내할 수 있는 장점이 있고 일목요연하게 보여줄 수 있다. 정말 부지런한 선생님들은 학생 개별 밴드를 만들어 학부모와 학생을 관리하기도 한다. 다른 사람들과 비교되는 것을 꺼리는 학생과 학부모를 위해 개별로 밴드를 운영하는데 전화, 문자, 카톡, 통화, 학습 안내문 없이도 개별 밴드에서 다 해결할 수 있는 장점이 있다.

반면에 블로그는 공부방에 보내는 학부모뿐만 아니라 일반 사람들에게도 오픈되는 공간으로 사진 활용이 제한될 수 있어 학부모들에게 노출 여부를 확인받아야 한다. 블로그 운영은 공부방의 장점을 더 적극적으로 알릴 수 있어 학부모 소통 효과보다 홍보 효과가 더 크다. 요즘 학부모들은 검색을 통해 아이를 보낼만한 공부방을 찾기 때문에 꾸준하게 블로그를 관리하면 오프라인으로 돈을 들여서 홍보하는 것보다 더 효과적일 수 있다. 그 효과가 크기 때문에 검색 노출이 잘 되는 방법이나 검색 시 상위 노출이 될 수 있는 블로그 운영 방법도 별도로 배워 볼 것을 추천한다.

인스타의 경우는 10장 이내의 사진으로 업로드하는 방식이기 때문에 밴드나 블로그보다 간편하다. 조금 더 전문적인 공부방 이미지를 주고 싶다면 카드 뉴스 형식으로 만들어 교육 정보를 업로드해도 된다. 소통이 목적이라면 공부방 학생들의 모습이나 성적 결과, 이벤트 또는 선생님의 일상생활을 공유해도 좋다. 학생, 학부모들과 서로 팔로우하며 좋아요만 눌러줘도 알게 모르게 친밀감과 유대 관계가 생기는 것이 인스타이다.

운영의 큰 숲
'연간 시스템' 수행평가

'연간 시스템' 수행평가는 앞에서 살펴본 내용을 바탕으로 현재 어떤 위치에 있는지 파악해보고, 시행하고 있는 시스템은 무엇이며 시행 중 보완해야 할 것은 무엇인지 체크해보는 공간이다. 또한 아직 시행하지 못하고 있는 시스템이 있다면 적어보고 실행 계획을 구체적으로 세우는 시간을 가져보는 것이 좋다. 향후 공부방 운영의 큰 숲을 그려보면 앞으로 어떻게 운영해야 할 것인가에 대한 답을 찾을 수 있을 것이다.

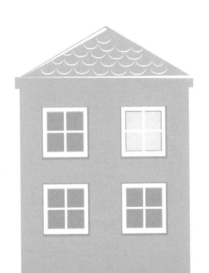

단계		공부방 시작 1년 시스템 '열정과 냉정의 균형'
홍보 시스템	열정 시스템	
	냉정 시스템	
상담 시스템	열정 시스템	
	냉정 시스템	
수업 시스템	열정 시스템	
	냉정 시스템	
관리 시스템	열정 시스템	
	냉정 시스템	

단계		공부방 안정 3년 시스템 '정체할 것인가? 정착할 것인가?'
15명 미만 공부방	홍보 시스템	
	상담 시스템	
	수업 시스템	
	관리 시스템	
25명 이상 ~35명 미만 공부방	홍보 시스템	
	상담 시스템	
	수업 시스템	
	관리 시스템	

단계	공부방 정착 5년 시스템 '프로 학원형 공부방으로 도약'	
홍보 시스템	시행 시스템	
	보완 시스템	
상담 시스템	시행 시스템	
	보완 시스템	
수업 시스템	시행 시스템	
	보완 시스템	
관리 시스템	시행 시스템	
	보완 시스템	

단계	공부방 CEO 10년 시스템 '변화와 도전으로 리뉴얼'	
홍보 시스템	시행 시스템	
	보완 시스템	
상담 시스템	시행 시스템	
	보완 시스템	
수업 시스템	시행 시스템	
	보완 시스템	
관리 시스템	시행 시스템	
	보완 시스템	

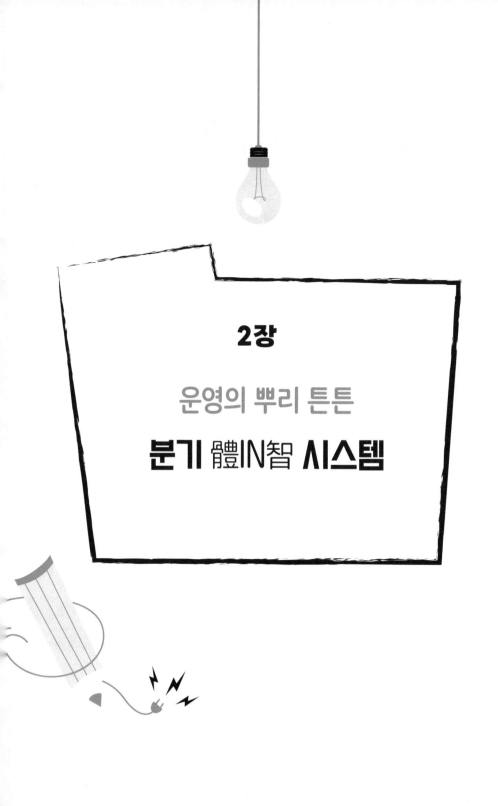

2장

운영의 뿌리 튼튼

분기 體IN智 시스템

01
분기 시스템으로
공부방 운영의 뿌리를 튼튼하게 하라

앞서 공부방 운영의 연간 시스템에 대해 알아봤다. 연간 시스템은 장기적인 목표와 계획을 통해 멀리 내다볼 수 있는 안목을 길러주는 시스템이다. 또한 수시로 직면할 위기 극복 방법을 제시하고 성장의 기회가 왔을 때 한 단계 더 발전할 수 있도록 도와주는 시스템이라고 할 수 있다. 이번에 살펴볼 내용은 분기마다 반드시 챙겨야 할 홍보, 상담, 수업, 관리 시스템이다. 현재 운영하는 공부방이 잘되는 공부방이라는 멋진 숲으로 완성되기 위해서는 그 안에 있는 한 그루 한 그루 나무들, 즉 각각의 분기별 시스템이 튼튼해야 한다.

공부방 운영은 계절에 따라 성장하는 식물과 비슷하다. 봄에 씨앗을 뿌렸으면 새싹이 잘 틀 수 있도록 적절한 햇빛과 물을 공급해줘야 한다. 여름에 가뭄이나 장마에 대비하지 않으면 식물은 말라죽거나 비에 휩쓸려간다. 여름을 잘 버텨 열매를 맺기 시작할 즈음 태풍이 불면 다 익기도 전에 낙과가 돼버린다. 이렇듯이 공부방 운영도 식물처럼 사계절 분기의 위기가 닥친다. 따라서 공부방의 뿌리가 흔들리지 않기 위해서는 분기별 계획이 구체적이고 빈틈이 없어야 한다. 매달 발등에 불이 떨어진 상태로 준비하면 전체적인 흐름에서 벗어나 너무 늦게 시행하는 활동이 있는가 하면, 너무 서둘러 진행해 열심히 하고도 큰 효과를 보지 못하는 경우도 있다.

요즘 학사 일정은 여름방학은 짧아지고 2월 개학이 없어지면서 겨울방학은 길어졌다. 전에는 학교마다 운영하는 커리큘럼이 비슷했지만, 최근 들어 학교의 재량 운영이 확대되면서 각 지역 특색이나 학교 특성에 맞춰 다양하게 운영된다. 따라서 학기가 시작되기 전 항상 주변 학교 홈페이지에 들어가 어떤 학교 행사가 진행되는지, 시험 기간은 언제인지 등 공부방 운영 시 확인해야 하는 내용이 무엇인지 살펴봐야 한다. 이에 따라 분기별 핵심 전략을 세우고 일 년 공부방 성장 로드맵을 만들어가는 것이 분기 시스템 운영의 핵심이다.

다음은 분기별 이슈에 따른 핵심 전략을 간단히 정리한 것이다. 매 분기 홍보, 상담, 수업, 관리 시스템 모두 중요하지만, 분기에 따라 중점적으로 집중해야 할 시스템이 있다. 1분기는 홍보, 2분기는 수업, 3분기는 상담, 4분기는 관리에 집중할 때 1년이 안정적으로 돌아가는 시스템이 된다.

분기	1분기 (12월~2월)	2분기 (3월~5월)	3분기 (6월~8월)	4분기 (9월~11월)
이슈	새 학년 새 학기	새 학년 첫 시험	흔들리는 마음	성적 향상 입소문
분기별 집중 전략	학생 모집 신입 상담	수업 관리 신입생 관리	위기 관리 학부모 상담	성적 관리 입소문 마케팅
분기별 핵심 시스템	홍보 시스템	수업 시스템	상담 시스템	관리 시스템

02
실패하지 않는 골든타임
1분기(12월~2월)

전체 4분기 중 가장 중요한 분기를 물어본다면 단연코 1분기(12월~2월)다. 1분기에 학생 모집을 얼마나 하느냐에 따라 일 년 공부방의 운영이 결정된다고 해도 과언이 아니다. 그래서 1분기는 공부방뿐만 아니라 모든 교육업계의 골든타임이다. 이렇게 중요한 시기이니만큼 학생 모집에 대한 목표를 먼저 세워야 한다. 공부방을 새로 시작하는 경우는 수업과 관리에 자신 있는 학년에 집중하는 것이 좋다. 현재 공부방을 운영 중이라면 학생 충원이 필요한 학년을 집중해서 모집해야 한다. 예를 들어 중3 학생이 많이 빠져나가는데 올라오는 중2 학생이 없다면 중학교 2학년에 집중적으로 홍보하는 것이다.

학생을 모집하려면 홍보가 무엇보다 중요하다. 이 시기 홍보의 중요성은 누구나 다 아는 사실이기에 대부분 학원, 교습소, 공부방, 학습 센터 등 교육기관들이 방학식에 벌떼처럼 몰려온다. 누구나 하는 날, 누구나 하는 홍보는 골든타임을 잡는 홍보가 될 수 없다. 누구보다 발 빠르게 전략적으로 움직일 필요가 있다.

또한 홍보 예산을 분기별로 책정은 하되, 1분기에 가장 많은 예산을 투입해 집중적으로 투자해야 한다. 1분기에 총 몇 번의 홍보를 할 것인지 정하고 신규 등록 학생 선물에 투자할 것인지, 홍보물 자체에 투자할 것인지, 홍보 매체의 다양화에 투자할 것인지 미리 결정해야 효율적인 홍보를 준비할 수 있다.

홍보 전략을 수립할 때 막연하게 많이 뿌려야겠다는 생각보다 오프라인 홍보와 온라인 홍보를 적절히 활용해 시너지 효과를 낼 수 있는 전략을 고민해야 한다. 12월 오프라인 홍보에 집중했다면 1월과 2월에는 공부방 모습이나 프로그램, 등록 혜택이 지속적으로 노출되도록 홍보해 온오프라인 홍보가 함께 이뤄지는 것이 좋다.

이뿐만 아니라 새 학기를 위한 상담과 수업 그리고 관리도 홍보를 위한 시스템으로 준비돼있어야 한다. 홍보 후 상담 예상 리스트를 정리·작성해 미리 상담 예약을 잡아놓는 것이 좋으며 신학기 및 특강 커리큘럼이 진행되면 이에 대한 상담을 면밀히 준비해야 한다. 언제나 만반의 준비가 돼 있어 갑작스러운 상담에 당황하는 일이 없도록 해야 한다.

특강 설명회로 씨앗 회원 만들기

1분기는 홍보가 매우 중요한 시기임에도 외부적인 홍보가 쉽지 않다. 겨울철이기 때문에 밖에서 학부모나 학생을 만나기도 쉽지 않고 홍보를 하는 사람도 추운 날씨로 인해 움직이기가 만만치 않다. 따라서 고객을 만나러 갈 수 없다면 고객이 만나러 올 수 있도록 하는 방법을 고민해봐야 한다.

예를 들어 씨앗 회원을 만들기 위한 전략으로 학부모를 초청해 방학 대비 특강 설명회를 진행하는 방법이 있다. 특강 설명회 홍보를 위해 현수막이나 아파트 게시판 등의 기본적인 홍보 외에 온라인을 적극적으로 활용하면 더 효과적이다. 특강반 선착순 ○명 모집, 설명회에 참석하시는 분들께 1주일 무료 체험 수업 제공 등 혜택을 제시하며 지역 맘카페나 커뮤니티, 블로그 홍보, 밴드를 활용해도 좋다.

초등학생 대상 역발상 홍보 전략

초등학생 대상 홍보는 방학식 당일보다 2~3일 전 미리 학교 앞에서 방학식 날 공부방 시네마 데이 초대 이벤트 홍보를 진행하는 방법이 있다. 학생들에게 'OO 공부방 시네마 데이! 맛있는 다과와 함께 재미있는 영화를'이라는 주제로 초대장을 미리 나눠 주고 부모님께 연락처와 허락 확인을 받아 오면 참여할 수 있도록 하는 것이다. 학생들이 공부방에 오면 최신 영화를 보여주며 다과를 준비해서 즐겁게 볼 수 있도록 하고, 영화가 끝나면 학생들이 좋아할 만한 캐릭터 인형이나 문구류와 함께 공부방을 소개하는 안내문과 커리큘럼을 학생 편에 보낸다. 학생들이 돌아가는 시간에 선생님은 학부모에게 문자로 오늘 학생이 즐거운 시간을 보냈으며 공부도 즐겁게 할 수 있는 기회가 왔으면 좋겠다는 문자를 보낸다. 영화 보는 모습이나 친구들과 즐겁게 이야기하는 모습을 사진으로 찍어서 보내면 금상첨화다. 이 모습을 블로그나 인스타에 홍보해도 좋다.

중학생 대상 역발상 홍보 전략

요즘 학생들은 학교 앞에서 나눠주는 많은 홍보물에 치여 관심을 보이는 경우가 드물다. 집에 가서 엄마에게 꼭 전달하라고 간곡히 부탁하는 말이 끝나기가 무섭게 길바닥에 홍보물을 버리고 가는 학생들도 허다하다. 따라서 누구나 나가는 방학식 홍보는 머릿속에 무조건 다른 곳과 완전히 다르게 하자는 생각으로 전략을 세워야 한다. 역발상을 통해 색다른 홍보를 시도해보는 것이다. 예를 들어 모든 학생에게 홍보물을 나눠준다고 생각하지 말고 관심 있는 학생에게 나눠주는 방법을 생각해보는 것이다. 몇 명의 관심 있는 학생에게만 주는 것이기 때문에 다른 곳에서 주는 것보다 좋은 선물을 준비할 수 있다. 중학생의 경우 공부방에 와서 진단 검사를 받고 가면 문화상품권이나 최신 영화 티켓을 주는 방법이 있다. 또는 학생들이 좋아할 만한 기프트 쿠폰(아이스크림, 햄버거, 피자 등)을 제공해도 좋다. 홍보 전단지에도 실물 쿠폰 이미지를 강조해서 나눠주고, 여러 가지 기프트 쿠폰 중에서 원하는 쿠폰을 선택할 수 있도록 한다.

 ## 공부방의 골든타임 1분기 體IN智 포인트

홍보 시스템	1. 학생 모집 수 목표 수립 2. 홍보 예산 비용 책정(집중 투자) 3. 홍보 전략 수립 4. 홍보 시행
상담 시스템	1. 홍보 후 상담 예상 리스트 정리 2. 무료 체험 수업 결과 상담 3. 신학기 및 특강 커리큘럼 상담 준비
수업 시스템	1. 무료 체험 수업 프로세스 준비 2. 특강 교재 및 수업 프로세스 준비
관리 시스템	1. 연간 이벤트 계획 세우기 2. 설명회 특강 내용 준비

03
성장의 밑거름 다지기
2분기(3월~5월)

1분기에 홍보의 효과가 있어 학생이 모집됐다면 2분기에는 가장 중요한 것이 수업 시스템이다. 2분기는 새 학년 새 학기가 시작되기 때문에 학생들이 잘 표현하지 않지만 새 학년 새 학기 증후군이라는 말이 있을 정도로 정신적 부담감이 크다. 학년이 바뀌면서 새 학기가 시작되기 때문에 학습량이 많아지고 내용도 어려워져 공부에 대한 스트레스가 심해지는 시기라고 할 수 있다. 새로운 선생님과 친구들에 대한 기대도 있지만 '어떻게 관계를 맺으며 지내야 할까'라는 걱정이 더 많다.

개학 전부터 공부방에 다녔던 친구들은 방학 동안 흐트러져 있던 마음가짐과 여유 있던 학습 시간을 조금 촘촘하게 다시 정비해야 한다. 학교 공부를 마치고 공부방에 오는 것과 집에서 쉬다가 공부방에 오는 것은 다르기 때문에 개학하면서 달라지는 생활 리듬에 적응이 필요하다. 이를 위해서 방학 시간표와 개학 시간표가 다른 경우는 개학 1주일 전부터 변경되는 시간표를 공지하고 변경된 시간표로 수업을 진행해 새 학기 시간표에 적용시키는 것도 좋은 방법이다.

학습 프로세스 구축

　새로 들어온 친구들은 공부방 학습 프로세스에 적응 시간이 필요하다. 처음 1주일은 공부 시간에 집중하는 것보다는 공부방의 화장실 위치, 물 마시는 곳, 신발 정리와 가방 두는 곳, 개인 파일함 정리하는 법 등 기본적으로 지켜야 하는 규칙을 안내하고 익숙해질 수 있도록 도와줘야 한다. 그러고 나서 수업 프로세스에 적응할 수 있도록 꼼꼼하게 챙겨줘야 한다. 처음 들어온 학생이 공부방에서 이뤄지는 수업 프로세스대로 익숙해지는 데 적어도 3개월이 걸린다. 그 3개월이 학생의 공부 습관을 잡는 데 매우 중요하며 학생 하나하나의 공부 습관 정착 여부에 따라 공부방 성장이 좌우된다.

　중학생들의 경우 이 시기에 새 학기 첫 시험 중간고사가 있다. 첫 시험으로 공부방의 수업력과 관리력을 판단하지는 않겠지만 2분기 공부 습관이 잡히느냐 그렇지 않으냐에 따라 3분기 기말고사가 결정되기 때문에 매우 중요한 시기다. 따라서 교재 진도대로 개념 설명하고 문제 풀고 나면 귀가하는 수업 프로세스가 아닌 특화된 공부방 프로세스를 구축하는 것이 중요하다. 학습 플래너를 활용해 당일 학습 목표를 정하고 스스로 공부한 시간을 평가할 수 있도록 하거나 개념 정리 노트를 활용해 당일 배운 내용을 정리하고 집에 가기 전 읽고 가게 하는 방법도 있다. 또는 당일 풀어본 문제 중 가장 어려운 문제 두 개를 선택해 풀이 과정을 꼭 적고 가도록 하고 그것을 교재에 붙이도록 해도 좋다. 이 방법은 학부모들에게 학생이 열심히 공부한 흔적을 남길 수 있어 교재 관리에도 도움이 된다. 수업 프로세스를 구축할 때는 반드시 학습 결과물이 남을 수 있는 활동을 꾸준하게 해야 한다. 이런 활동이 학생에게 바람직한 공부 습관으로 정착된다.

학생 수준별 수업

여기에 한 가지 더, 수업 시스템 정착을 위해 선생님이 고민해야 하는 것이 바로 학생 수준에 따른 수업을 어떻게 효과적으로 운영할 것인가이다. 새 학기가 시작되면서 갑자기 신규 학생이 많이 들어온 경우 수준별 수업 시스템 준비가 돼 있지 않으면 선생님과 학생 모두 혼란스러울 수 있다.

그래서 반복적인 설명이 많이 필요한 학생, 이해력이 뛰어나 심화 수업이 필요한 학생, 빠른 진도가 필요한 학생에 맞춘 수업 프로세스를 마련해야 한다. 그렇지 않으면 선생님이 예측하는 뻔한 상황이 발생한다. 학습 능력이 좋은 학생은 다른 학생이 이해할 때까지 무작정 기다려야 하는 피해를 보고, 실력이 부족한 학생은 이해되지 않은 상태에서 모르는 문제를 붙들고 시간을 허비하게 된다. 이는 바로 수업 불만으로 이어진다.

같은 수업 시간에 수준 차이로 인한 시간의 갭(Gap)도 생긴다. 이런 경우 문제 푸는 시간에 수준이 낮은 학생에게는 쉬운 문제부터 풀게 하고, 수준이 높은 학생에게는 어려운 문제부터 풀게 해야 한다. 수준이 낮은 학생은 어려운 문제를 풀면서 시간 낭비하는 것을 줄일 수 있고 수준이 높은 학생은 어려운 부분에서 막히는 부분만 빨리 알려주면 나머지는 알아서 해결하기 때문이다.

공부방의 성장기 2분기 體IN智 포인트

홍보 시스템	1. 신입생 입학식, 1학기 개학식, 학부모 총회, 공부방 프로그램 홍보 2. 1학기 중간고사 대비 홍보
상담 시스템	1. 특강 수업 결과 상담 2. 학생의 학습 현황 및 적응 정도 상담 3. 1학기 중간고사 시험 대비 상담
수업 시스템	1. 공부방 운영 규칙 안내 및 적응 2. 시간표 정리 3. 수준별 수업 프로세스 정착 4. 학습 결과물이 만들어지는 프로세스 정착 (학습 플래너, 개념 정리 노트 등)
관리 시스템	1. 공부방 공개 수업 2. 학교 행사에 따른 대회 정보 제공 (과학의 달, 가정의 달)

04
흔들리지 않는 위기&기회
3분기(6월~8월)

1분기 홍보에 집중해 학생을 모집하고 2분기 수업에 집중해 학생들의 공부 습관이 잘 잡혀가고 있다면 자연스럽게 공부방이 안정기에 접어들 것이다. 중학생의 경우 첫 시험인 중간고사 성적이 나쁘지 않고, 초등학생의 경우 수시로 보는 단원평가 관리를 잘하고 있다면 학부모와 학생의 공부방 만족도가 높아지고 큰 어려움 없이 공부방이 운영된다. 그러나 1분기에 학생 모집이 안 됐거나 학생이 모집됐더라도 수업 시스템이 정착되지 않았다면 수업이 어수선하다. 수업이 어수선하면 공부에 집중하지 못하고 재미를 느끼지 못하는 학생들이 생기기 시작한다.

3분기는 1학기를 마무리하는 기말고사가 있다. 중간고사 결과가 좋지 않으나 한 번 더 믿어보는 심정으로 보내는 학부모도 있겠지만 이런 학부모는 기말고사 결과가 만족스럽지 않으면 냉정하게 다른 곳을 찾는다. 또한 여름방학이 있기 때문에 초등학생의 경우 휴가나 여행 등을 이유로 단기간 쉬겠다는 학생이 많아지는 시기다. 이 시기에 상담이 제대로 되지 않으면 개학을 해도 재등록하지 않는 경우가 허다하다. 이렇게 되면 공부방 학생이 눈에 띄게 줄게 되고 수업 시간 분위기도 알게 모르게 가라앉아 수업하는 선생님도 의욕을 상실하게 된다. 분위기 쇄신을 위해 방법을 찾아 홍보라도 해볼까 마음먹어 보지만 설상가상으로 날씨가 너무 덥다 보니 이마저도 쉽지 않다.

위기는 어느 날 갑자기 찾아오지 않는다. 먹구름이 드리워지며 비가 오듯이 위기는 신호를 보낸다. 위기가 올 것을 예감하면서 그 위기를 그냥 맞이하는 선생님들이 많다. 하지만 다가오는 위기를 준비하는 사람은 위기가 두렵지 않다. 다만 어떻게 극복할 것인가의 방법이 문제다. 이제 3분기에 닥쳐올 위기를 예감했으니 준비하는 방법, 그리고 위기를 극복해서 오히려 한 단계 더 도약할 기회를 만들어보는 방법을 생각해야 한다.

3분기 위기를 극복하고 기회를 만드는 가장 기본은 첫째도 둘째도 셋째도 상담이다. 아래 제시된 몇 가지 사례들은 실제로 공부방 선생님들이 공통적으로 많이 경험하는 상황이며 비슷한 내용으로 상담했지만 좋은 결과를 보지 못한 경우도 있을 것이다. 상담할 때 어투와 표정 그리고 앞뒤 내용에 따라 같은 상담이더라도 결과는 다를 수 있다. 이에 대한 부분을 염두에 두고 살펴보면 해답이 보일 것이다.

꾸준히 관리했으나 그만둔다고 하는 학부모

평소에 매월 학습 안내문을 보내고 학습 결과물도 꾸준히 보내며 학생의 학습 상황을 부모님께 알리는 관리를 꼼꼼하게 했음에도 불구하고 그만두겠다는 학부모의 연락을 받으면 적잖이 당황하게 된다. 대부분 선생님이 열심히 학생 편에 안내문 등을 보냈지만, 학부모는 확인하지 못한 경우다.

또는 확인했지만 대수롭지 않게 여기고 공부방에서 주는 형식적인 것으로 생각했을 수 있다. 따라서 학부모님에게 학습 안내문이나 결과물을 집으로 보낼 때는 항상 문자나 카톡 또는 밴드 공지 사항으로 미리 알려주는 것이 중요하다. 특히 처음 보내는 달은 잊지 말고 그 내용에 대해 상담을 해야 하고 추후 매달 보내드리니 꼭 확인하시고 궁금한 것은 문의하시라는 안내 상담을 해야 한다.

시험 성적 결과에 대한 불만족으로 그만둔다는 학부모

시험 준비 기간이 짧아 시험 성적이 좋지 않은 것은 당연한 결과다. 그런데 그것을 인정하지 않고 전문적인 관리가 필요할 것 같다며 다른 곳으로 옮기겠다는 학부모 역시 선생님 입장에서는 당황스럽다. 따라서 시험 대비 상담은 시험 전, 후 상담 모두 중요하다. 시험 2주 전에는 본격적인 시험 대비가 들어간다. "현재 학생이 어떤 단원을 어려워하고 있어 반복해서 지도하고 있고 주말 보충이 필요할 수 있으니 그때 보내주셔야 한다. 시험이라 숙제 양이 많아지니 숙제를 잘할 수 있도록 챙겨주시면 좋겠다." 등의 상담이 미리 되면 성적이 잘 나오지 않았을 경우 어려웠던 단원이나 숙제나 보충이 제대로 되지 않은 원인을 학부모 스스로 알 수 있어 추후 상담을 준비할 수 있다.

시험이 끝나고 나서도 학생이 성적표를 보여주기 전 미리 상담을 해 "전체 시험 점수는 만족스럽지 않지만 어떤 단원은 매우 잘했다. 이번 서술형 평가 배점이 높아 점수가 많이 깎였다. 다음 시험에서 서술형 문제를 조금 더 신경 써서 준비하겠다"와 같은 시험에 대한 분석과 함께 학생의 긍정적인 부분과 성적 관리 방안을 먼저 상담하는 것이 중요하다.

결석이 잦은 이유를 공부방에 돌리는 학부모

집안 사정으로 결석을 많이 하고 보강 수업에 제대로 보내지 않았으면서 "공부방에서 무얼 배우는지 잘 모르겠다. 아이가 공부방을 좋아하지 않는 것 같다"는 핑계를 대며 공부방에 더 보내야 할지 고민된다고 말하는 학부모가 있다. 이런 학생은 계속 보내고 싶다고 해도 선생님이 수업하고 싶지 않을 수 있다. 이런 경우 선생님이 감정적으로 대처하면 부정적인 소문으로 퍼질 우려가 있으므로 학부모가 실제로 원하는 것이 무엇인지 파악하는 상담이 필요하다. 교육비 환불을 원하는 것인지 아이에게 더 관심을 가져달라는 것인지 부드러운 질문을 통해 학부모가 원하는 것을 해결해 줄 수 있는 방법을 제시하는 것이 좋다.

학생의 부적절한 행동 훈계를 오해하는 학부모

공부방에서 친구들끼리 다퉈 훈화하는 과정에서 버릇없는 행동을 짚어줬더니 아이의 말만 믿고 안 보내겠다는 학부모도 있다. 공부방에서 어떤 일이 발생해 학부모에게 알려야 하는 상황이라면 아이가 전달하기 전에 선생님이 먼저 소통하는 것이 우선이다. 아이는 기본적으로 자신을 보호하기 위해서 자신에게 유리한 부분을 말하기 때문에 듣는 학부모 입장에서는 언짢을 수 있다. 그리고 이유야 어찌 됐든 아이의 마음이 풀리지 않은 상태에서 집에 갔다는 것은 선생님이 한 번 더 아이를 보듬어주지 않아 섭섭한 마음이 남아있다는 것이다. 이 부분에 대해서는 죄송하다는 말과 함께 다음 날 아이와 더 이야기 나눠 마음을 풀도록 하겠다는 의사를 전달해야 추후에 문제가 더 커지지 않는다.

단기 휴원이 퇴원이 되는 경우

방학에 잠시 쉬겠다고 하는 경우는 개학하고 나면 다시 다닐 거라는 말에 안심하고 그렇게 하시라고 하기 쉽다. 그렇다 하더라도 방학 학습의 중요성과 방학 학습 누수 때문에 개학 후 학생에게 어떤 어려움이 있을 수 있는지에 대한 상담은 반드시 해야 한다. 그리고 방학 전 미리 방학에 진행하는 특강이나 수업 프로그램을 안내하고 휴가로 인한 보강은 어떻게 진행되는지에 대한 상담을 학생별로 진행해야 한다. 이것이 방학 단기 휴원생을 조금이라도 줄이는 방법이다.

끝으로 학생별 개인 상담도 필요하다. 물론 항상 공부방에 오는 학생들이기 때문에 특별한 상담이 필요한 것은 아니다. 하지만 3개월 이상 다닌 학생들은 5분~10분 정도 할애해 상담을 해보는 것이 좋다. 수업 시간보다 좀 일찍 온 날이나 수업 끝나고 가는 시간에 잠시 이야기를 나눠보는 것이다. 공부방에 다니면서 어려운 점은 없는지, 공부하면서 달라진 점이나 좋은 점은 무엇인지 알아보고 선생님이나 공부방에 바라는 것은 없는지 가볍게 물어보는 정도의 상담이면 충분하다.

공부방의 위기&기회 3분기 體IN智 포인트

홍보 시스템	1. 1학기 방학식, 2학기 개학식 홍보 2. 2학기 기말고사 대비 홍보
상담 시스템	1. 학습 현황 및 학습 결과물 상담 2. 시험 대비 전, 후 상담 3. 방학 특강 및 운영 프로그램 상담 4. 학생 개별 상담
수업 시스템	1. 시험 대비 프로세스 정착 2. 보강 및 보충 수업 프로세스 정착
관리 시스템	1. 방학 체험 학습 이벤트 및 보고서 작성 　　(미술관, 박물관, 과학관 등) 2. 학교 행사에 따른 대회 정보 제공(호국 보훈의 달)

05
성공을 위한 도약
4분기(9월~11월)

4분기는 한 해를 마무리 짓는 시기이며 관리 시스템에 어느 정도 집중하느냐에 따라 다음 해 성장 가능성을 예측할 수 있는 분기다. 공부방에서 1, 2, 3분기를 보내면서 학생들은 같은 공부방에 다닌다는 유대감이 생긴다. 그리고 공부방 선생님과 학생, 그리고 학부모들과도 익숙해지고 친해져서 사소한 일이라도 선생님과 학생, 선생님과 학부모 사이를 떠나 서로 챙겨주는 끈끈한 관계가 되기도 한다. 의도하지 않았지만 공부방에 오는 주 학년 층이 형성되고 수업 시스템의 안정과 상담 시스템의 시너지 효과로 인해 공부방의 색깔(분위기)이 만들어지기도 한다. 공부방 시스템이 안정되면서 성적이 향상된 학생들이 나타나기 시작하고 드문드문 학부모의 소개로 들어오는 학생이 늘게 돼 기쁨과 보람을 느낄 수 있는 시기가 4분기다. 그뿐만 아니라 공부방 시스템에 적응된 학생들이 대부분이고 문제가 있거나 말썽을 일으키는 학생들이 어느 정도 걸러진 상태이기 때문에 공부방 태평성대라 할 만하다.

그러면 이제 안심해도 되지 않을까? 하지만 방심은 금물이다. 바늘구멍에 둑이 무너진다는 속담이 있다. 잘하는 것은 티가 나지 않지만 소홀한 것은 금방 티가 난다. 공부방이 안정되고 잘 성장하고 있다고 해서 관리 시스템이 제대로 굴러가지 않으면 언젠가는 또 서서히 무너지게 된다. 더군다나 1분기에는 홍보 시스템에, 2분기에는 수업 시스템에, 3분기에는 상담 시스템에 집중했기 때문에 자연스럽게 관리 시스템의 누수가 생길 수 있다. 따라서 4분기에는 그동안 만들어놓은 시스템을 바탕으로 관리에 집중해 입소문이 나는 공부방이 되는 법을 고민해야 한다. 4분기에 입소문이 나기 시작하면 다음 해 홍보가 쉬워지고 제2의 도약을 할 수 있는 기회가 된다.

초등 공부방 입소문 만들기

공부방 입소문 비결은, 다른 교육 형태도 마찬가지겠지만 바로 성적 향상이다. 특히 초등학생의 경우 단원평가의 중요성이 강조되면서 공부에 관심 있는 학부모는 그 결과에 예민하게 반응한다. 단원평가 결과가 지속적으로 좋게 나오면 학부모는 공부방에 대한 만족도가 높을 수밖에 없다. 그리고 학생 역시 단원평가 결과가 좋으면 공부에 재미와 자신감이 생겨 공부방 가기를 즐겨 한다. 이런 학부모와 학생들이 알아서 공부방을 소개해주면 좋겠지만 그렇지 않은 경우도 있다.

이런 경우 공부방 홍보를 위해 간단한 수기를 외부 홍보 글로 올리고 싶은데 도와주실 수 있느냐고 문의를 해본다. 누군가를 소개해주는 것은 부담스럽지만 자신의 자녀가 잘해서 홍보한다고 하는 것은 마다할 이유가 없기 때문에 대부분 응해준다. 공부방을 보내면서 좋은 점과 자녀가 어떤 부분이 달라졌는지 학부모의 의견을 글로 정리하고 이런 내용으로 홍보해도 되는지 확인받는다. 홍보 수락에 대한 보답으로 간단한 선물 쿠폰을 보내주면 오히려 고마워하면서 자연스럽게 주변에 소개할 친구가 있으면 말해주겠다고 이야기를 하게 된다. 그리고 이 내용을 그대로 블로그 포스팅이나 전단지 홍보 문구로 활용하면 된다. 이것이 학부모의 자존심은 높여주고 선생님의 자존감은 지키면서 할 수 있는 관리 비법이다.

중등 공부방 입소문 만들기

4분기 중등 공부방은 입시 정보에 민감해야 한다. 주변에서 열리는 중등 고입·대입 설명회를 활용해 고입과 대입 정보를 구체적으로 주는 것이 좋다. 선생님이 조금만 관심을 가지고 공부해서 중등 대상 학부모를 초대해 간담회를 열어 직접 입시에 대한 설명을 해주는 시간을 제공해도 된다. 이런 노력은 선생님에 대한 신뢰를 높이고 전문적인 선생님의 이미지를 만든다. 입시 학부모 간담회를 할 때는 주변 지인과 함께 오도록 유도하고 참석자에 대한 혜택을 준비하면 학부모들의 관심도가 높아진다.

조금 더 적극적으로 관리가 필요하다면 설명회에 몇 명의 엄마들과 함께 가서 듣고 차 한 잔 마시면서 고민을 듣고 공감해주는 시간을 가진다. 그리고 요즘 입시는 단기간 준비할 수 있는 것이 아니라는 점을 통해 예비 중등의 중요성을 강조한다. 또한 자유학기제에 이뤄지는 수업 형태는 친구들과 함께하는 협업 프로젝트가 많으니 평소 공부도 친구들과 긍정적으로 공부할 수 있는 분위기를 만들어주는 것이 좋다는 언급을 통해 소개를 유도해도 좋다.

성적 향상과 성적 우수 학생들을 대상으로 장학금 이벤트를 시행하는 방법도 있다. 1학기 대비 2학기 성적이 많이 향상된 학생과 1학기와 2학기 모두 우수한 성적을 거둔 학생에게 장학금을 주는 것이다. 장학금은 5만 원~10만 원 선으로 하고 상품권과 현금을 적절히 활용한다. 1년에 한 번 하는 시상이니만큼 상장과 함께 친구들 앞에서 시상식처럼 수여하고 사진도 찍어서 학부모에게 보내주면 감사의 인사를 보내오는 경우가 많다.

시험이 없는 학년의 입소문 만들기

중간, 기말고사가 없는 초등학생은 학생의 실력을 검증받을 기회를 만들어 학부모에게는 안심을, 학생에게는 자신감을 심어주는 전략이 필요하다. 따라서 수시로 외부 경시 대회에 관심을 갖고 도전해 상을 받을 기회를 제공하는 것이 좋다.

또는 4분기에 대부분 학교에서 열리는 독서 토론 대회에서 상을 받을 수 있도록 준비하는 방법도 있다. 평소 수업 시간을 할애하기는 쉽지 않으므로 원하는 학생만 받아서 토요일 1시간 정도 이용해 친구들과 서로 독서 퀴즈를 내보며 즐겁게 준비하도록 하는 것이다. 참여한 모든 학생이 상을 다 받을 수는 없겠지만, 외부 대회나 학교 대회까지 신경을 써주는 공부방이라는 입소문이 날 수 있는 방법이다. 참여하는 학생도 또 하나의 목표가 생기고, 도전하며 성취감을 느낄 수 있어 긍정적인 관리 효과가 있다.

빅 마우스 학부모 관리법

공부방에 보내는 모든 학부모를 잘 관리해야겠지만 특별히 더 신경 써야 하는 학부모가 있다. 일명 빅 마우스라 불리는 우수 학부모들이다. 공부방에서 어떤 행사를 하면 적극적으로 도와주고 새로운 프로그램을 도입하면 까다롭게 굴지 않고 선생님께서 알아서 잘해주시라는 말로 무한 신뢰를 보내는 학부모들이다.

이런 학부모들은 공부방의 좋은 점을 주변에 잘 이야기하고 소개도 해주는 학부모이기 때문에 특별한 관리가 중요하다. 이런 분들과는 늘 소통을 꾸준히 해야 하며 소개를 해줄 때는 작은 감사 표시라도 반드시 하는 것이 좋다. 그리고 추가적인 혜택을 받고 있다는 생각이 들 수 있도록 관리 서비스를 해야 관계를 지속하기가 수월하다.

직장모 관리법

요즘은 집에서 자녀를 집중적으로 관리하는 엄마들보다 직장에 다니면서 아이 공부는 전적으로 학원이나 공부방에 의지하는 직장모가 많아지고 있다. 직장모는 선생님이 잘 관리하고 싶지만 소통하기가 쉽지 않아 자연스럽게 관리가 소홀해지는 경우가 있다. 따라서 처음 공부방 등록 상담 시 아이에 관한 문제를 상담할 때는 어떤 시간이 편한지 확인해서 그 시간에 잠깐이라도 이야기를 나누는 것을 부담 갖지 않도록 해야 한다.

또한 교육 정보나 학교 정보에 둔감하기 때문에 수시로 교육 정보를 공유하고 학생의 학습 변화 과정을 비교적 자세히 설명해주는 것이 좋다. 빅 마우스 엄마들은 선생님과 아무리 좋은 관계를 유지하고 있다고 하더라도 주변 분위기에 쉽게 휩쓸리는 반면 직장모들은 신뢰가 쌓이면 좀처럼 이동하지 않고 꾸준히 보내는 장점이 있으므로 직장모 관리도 중요하다.

공부방의 도약 4분기 體IN智 포인트

홍보 시스템	1. 입시 설명회 홍보 2. 2학기 중간, 기말고사 대비 홍보
상담 시스템	1. 시험 대비 전, 후 상담 2. 학년별 새 학년 상담 3. 진로·진학 상담
수업 시스템	1. 시험 대비 프로세스 정착 2. 1학기 누수 영역 체크 및 보완
관리 시스템	1. 성적 우수 및 성적 향상 사례 데이터 관리 2. 공부방 우수 장학생 시상식 3. 고입·대입 입시 정보 안내 4. 교내·교외 대회 준비 5. 우수 학부모 및 직장모 특별 관리

운영의 뿌리 튼튼
'분기 시스템' 수행평가

앞에서 살펴본 분기 시스템은 한 해를 기본으로 분기마다 특정 과제에 집중하는 운영 방법이다. 똑같은 시스템이 반복되는 것 같지만, 분명히 분기마다 집중하고 놓치지 말아야 할 시스템이 있다. 분기 시스템을 잘 활용한다면 어떤 상황에서도 뿌리가 흔들리지 않는 튼튼한 공부방이 될 수 있다. 그러므로 분기별로 어디에 집중하고 있는지, 놓치고 있는 것은 무엇인지 확인해 보완하는 것이 중요하다.

1분기	집중 포인트	보완 포인트
홍보 시스템		
상담 시스템		
수업 시스템		
관리 시스템		

2분기	집중 포인트	보완 포인트
홍보 시스템		
상담 시스템		
수업 시스템		
관리 시스템		

2장

3분기	집중 포인트	보완 포인트
홍보 시스템		
상담 시스템		
수업 시스템		
관리 시스템		

4분기	집중 포인트	보완 포인트
홍보 시스템		
상담 시스템		
수업 시스템		
관리 시스템		

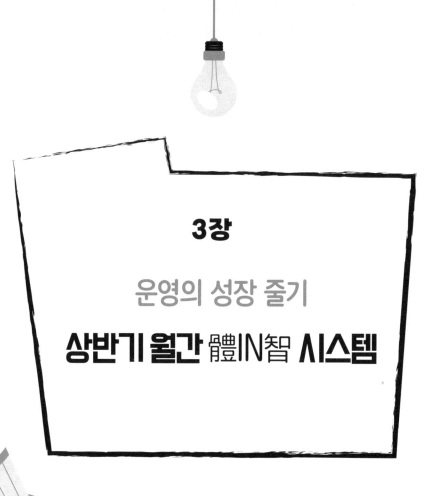

3장

운영의 성장 줄기

상반기 월간 體IN智 시스템

01
상반기 월간 시스템으로
성장 줄기를 만들어라

공부방을 처음 운영하는 선생님들은 매월 한 달 한 달이 새롭다. 방학인가 싶으면 개학이고 시험이 끝났나 싶으면 다시 시험이 시작된다. 학생은 많지 않은데 늘 바쁘다는 말을 입에 달고 지내게 된다. 이런 분들이라면 매월 월간 시스템을 계획적으로 운영하는 습관이 무척 중요하다. 그렇지 않으면 늘 허둥지둥 바쁘고 해야 할 일을 놓치며 지나가게 된다.

공부방 운영 경력이 많은 분은 그 학생이 그 학생이고 그 교재와 그 커리큘럼이다. 눈 감고도 채점을 할 수 있으며 전화 목소리만 들어도 누구 엄마인지 알 수 있다. 이런 분들은 새로운 것이 없으니 딱히 더 할 것이 없다는 생각이 지배적이다. 이렇게 변화 없는 한 달 한 달을 보내다 보면 결국 성장 없는 공부방이 될 가능성이 크다.

월간 시스템으로 운영하는 것은 공부방 운영 시스템의 뿌리에 물을 주는 것과 같다. 나무가 잘 성장하려면 뿌리도 튼튼해야 하지만 줄기가 죽죽 뻗어 나갈 수 있어야 한다. 공부방 운영도 마찬가지다. 분기로 전체 운영 포인트를 잡고 매월 홍보, 상담, 수업, 관리가 촘촘하게 톱니바퀴처럼 맞물려 돌아가야 한다.

다음은 학교마다 조금씩 다르겠지만 공통적으로 비슷하게 운영되는 학사 일정이다. 공부방을 운영하는 분이라면 1년 학교 학사 일정이 달력을 군이 보지 않아도 머릿속에 그려져야 한다. 공부방에 다니는 학생들의 학교 학사 일정이 학교마다 다를 수 있으니 학교 홈페이지에 들어가 출력해 상시 확인해야 한다. 학교마다 운영되는 일정을 수시로 살펴보면서 매월 중점을 둬야 하는 것이 무엇인지 점검해보고 이에 따라 미리 준비해야 한다. 만약 계획했던 홍보나 이벤트가 있다면 적어도 한 달 전부터 준비해야 차질 없이 진행되며 시행착오를 줄일 수 있다.

월	행사 내용
12월	중2 기말고사, 예비 초등 입학 설명회
1월	방학식, 졸업식
2월	중학교 반 편성 배치고사
3월	입학식, 개학식, 학교 설명회, 학부모 총회, 학부모 상담 주간, 교과 학습 진단평가
4월	중2, 3학년 중간고사, 듣기 평가, 방과 후 수업, 과학의 달 행사(각종 대회), 봄 소풍, 표준화 심리검사
5월	현장 체험 학습, 소체육대회, 학부모 공개 수업, 가정의 달 행사

월간 시스템은 초등과 중등 그달 핵심 사항이 다르므로 초등이냐 중등이냐에 따라 조금 다르게 시스템 운영 전략을 짜야 한다. 또한 주차별로 시스템을 움직이는 전략이 중요하다. 중간고사 시험이 있으면 오로지 시험 대비만 하는 것이 아니라 그달 안에서 주차별로 홍보, 상담, 수업, 관리를 효율적으로 운영할 수 있어야 한다.

특히 상반기는 학생을 모집하기 위한 홍보에 집중해야 하며 새 학년 신학기 준비를 어떻게 하느냐가 무척 중요하다. 또한 공부방에 들어온 학생들의 정착 여부가 하반기 운영에 많은 영향을 미친다. 이 점에 유의해 월간 시스템을 운영한다면 공부방이 빈틈없이 성장할 수 있다.

02
12월!
끝이 아니라 새로운 시작 준비

12월은 어느 달보다 분주하고 바쁘다. 한 해를 마무리하면서 새해 운영 계획을 통해 신학기 준비에 만전을 기해야 한다. 일 년의 마지막 시험인 2학기 기말고사가 있어 시험 준비에 소홀함이 없어야 하고 시험이 끝나면 시험 결과에 대한 상담도 잘 마무리해야 학생의 이동을 최소화할 수 있다. 학생 관리 차원에서 조촐하더라도 해야 하는 크리스마스 행사도 있고, 신학기를 대비하기 위한 겨울방학 특강을 위해 시간표 구성, 커리큘럼 준비와 교재 선정, 학부모 상담 또한 연이어 진행돼야 한다.

또한 예비 초등학생, 중학생, 고등학생이 움직이는 시기이기 때문에 무엇보다 홍보에 집중해야 한다. 특히 초등 중심인 공부방은 중등으로 올라가면서 학원이나 개인 지도로 이동하는 경우가 발생하고, 중등 중심 공부방도 고등으로 넘어가면서 비슷한 현상이 나타난다. 이에 대한 준비를 철저히 하지 않으면 나가는 학생은 많고 들어오는 학생은 없는 그야말로 최대의 위기가 올 수 있는 달이 12월이다. 따라서 대상에 따라 어떤 전략으로 홍보와 상담을 할 것인지 구체적인 계획을 세우는 것이 중요하다.

12월 초등 중심 공부방 기본 시스템 운영

놓치지 말아야 할 예비 초등학생 홍보

초등 중심 공부방은 예비 초등학생 홍보에 집중해야 한다. 예비 초등학생은 다루기 힘들다는 생각에 모집을 생각하지 않는 공부방도 있다. 하지만 오히려 예비 초등학생은 선생님이 관심을 많이 주고 조금만 신경 써주면 사춘기 고학년 아이들보다 더 다루기 쉽고 가르친 만큼 보람도 있는 학년이다. 그리고 특별한 일이 있지 않는 한 퇴원 염려도 없기 때문에 공부방 운영에 안정을 가져다줄 수 있다.

예비 초등학생 학부모는 예비 중학생 학부모보다 입학에 대한 부담과 걱정을 더 많이 가지고 있다. 특히 맞벌이 부부가 많은 요즘에는 아이가 하교 후 학부모가 퇴근할 때까지 남는 시간을 어떻게 효과적으로 관리할 수 있을까 고심한다.

공부보다는 학교 적응이 우선이고 학습 중심의 공부방보다는 예체능 중심의 학원으로 관심을 갖는 학부모들이 많기 때문에 이에 대한 맞춤 홍보와 상담 전략을 준비해야 한다.

예비 초등학생 상담 전략은?

예비 초등학생 학부모 대상 상담에서는 아이가 학교에 적응을 잘하는 것보다 학습이 더 중요하다고 강조하는 상담은 오히려 실패를 가져올 수 있다. 학부모는 학습보다 적응이 더 중요하다는 생각이 확고하기 때문이다. 따라서 학교 적응을 잘하기 위해서 어떤 학습 준비가 필요한지 구체적으로 제시해야 한다. 예체능 학원에만 관심이 있는 학부모의 경우에는 다양한 경험을 위해 예체능 학원에 보내는 것도 중요하지만, 기초 학습 능력이 저학년에 만들어지지 않으면 정작 학습량이 많아지는 학년에 올라가서 더 힘들어진다는 점을 정확히 인식시켜 줘야 한다.

홍보 전략을 구상할 때 가까이 있는 예체능 학원과 원원할 수 있는 방법을 찾아봐도 좋다. 예체능 학원에 공부방 홍보 전단지를 비치해놓는다든지, 학원 원장님과 협의해 공부방 학생을 소개해주고 예체능 학원의 학생을 소개받는 방법도 시도해볼 만하다. 또는 '재미있는 공부는 ○○공부방에서, 신나는 미술은 ○○미술학원에서'처럼 홍보 전단지를 함께 만들어서 홍보하는 방법이 있다. 이 방법은 학부모가 여기저기 다니며 보낼 곳을 알아보지 않고 한 번에 해결할 수 있어 학부모 입장에서도 나쁘지 않다.

놓치기 쉬운 기존 학생 상담

12월에 시험과 홍보, 크리스마스 이벤트 등으로 소홀히 하기 쉬운 것이 바로 기존 학생 상담이다. 1년이 마무리되는 12월이므로 믿고 보내주시는 학부모님께 감사 인사를 드리며 방학 동안 어떻게 학습이 진행되는지 구체적인 상담이 들어가야 한다. 학습 누수가 있는 학생은 보강 중심 수업을, 학습 진도가 빠른 학생은 심화나 선행 학습 계획을 상담해야 한다. 이와 더불어 달라지는 방학 시간표 안내와 여행으로 인한 단기 휴강을 체크해 미리 보강 일정을 잡는 상담도 이뤄져야 추후 휴원생이 발생하는 것을 줄일 수 있다.

특히 학기 초에 등록해 연말까지 꾸준히 다닌 학생들은 개별 상담을 진행하는 시간도 필요하다. 1년 동안 어떤 변화가 있었는지 학부모는 물론 학생 스스로 느껴볼 수 있는 상담을 진행해 방학 공부에 동기 부여가 될 수 있도록 하는 것이 중요하다.

방학 특강 수업 준비는 교재 선정부터

방학 특강이나 신학기 학습을 위해 수업을 준비하려면 방학 프로그램 운영을 위한 시간표를 구성하고 교재를 선정해서 커리큘럼을 짜야 한다. 몇 년의 경력이 있으신 분들은 '기존대로 운영하면 되겠지' 생각하겠지만 그래도 시중 서점에 나가서 새로 나온 교재와 새롭게 도입해서 활용할만한 학습 도구는 없는지 살펴보는 것이 좋다. 기존에 사용했던 교재를 쓰면 새로 교재 연구할 필요가 없고 매우 익숙해서 지도하기 편하다. 그러나 같은 교재를 반복적으로 사용하다 보면 각 교재의 장단점을 파악할 수 없다. 그리고 선생님이 좋아하는 유형의 교재와 학생들이 좋아하는 교재 유형은 다를 수 있기 때문에 자칫 선생님이 지도하기 편한 교재 위주로 사용하는 것은 아닌지 생각해봐야 한다. 다양한 교재를 분석해 학생들에게 최적화된 교재를 활용해야 학생의 실력뿐 아니라 선생님의 수업 노하우가 축적된다.

12월 이벤트 '크리스마스 행사'

초등 공부방의 경우 12월 크리스마스가 학생 관리 차원에서 신경 써야 하는 큰 행사다. 다른 곳에서도 많이 진행하기 때문에 친구들 사이에서 학교에 가서 무슨 행사를 했는지 서로 자랑하기도 하며 즐거운 행사로 잘 진행된 경우에는 부러워하는 학생도 있다. 이벤트는 무엇을 하느냐보다 즐거운 분위기를 형성하는 것이 더 중요하다. 즐거운 분위기를 만들기 위해서는 준비하는 선생님이 먼저 즐길 수 있어야 한다. 부담스럽고 귀찮은 마음으로 준비하면 아무리 좋은 이벤트라고 해도 형식적인 행사가 된다. 가족이나 친척을 동원해 산타 할아버지 의상을 준비하고 준비한 선물을 나눠주는 이벤트의 경우 초등학생들이 대부분 좋아하므로 진행할만한 이벤트다. 또는 크리스마스 입체 카드 만들기나 소형 크리스마스트리 만들기 활동을 하면서 소소한 추억을 만들어주는 시간도 좋다. 요즘은 이벤트용 재료들을 손쉽게 검색해 구매할 수 있으므로 월초에 미리 준비하면 여유 있게 부담 없이 진행할 수 있다.

✏️ 12월 초등 중심 공부방 주차별 시스템 운영

분류	홍보	상담	수업	관리
1주차	예비 초등 홍보	방학 특강 안내 – 신학기 프로그램 상담	특강 및 신학기 교재 선정 – 방학 프로그램 구성	방학 특강 안내문 발송
2주차		1년 마무리 상담	방학 시간표 짜기	
3주차				크리스마스 행사 기획 및 준비
4주차	집중 타깃 학년 홍보 – 특강 홍보	특강 상담		크리스마스 행사 진행 – 가정통신문 발송

12월 중등 중심 공부방 기본 시스템 운영

문제풀이 중심 기말고사 시험 대비! 과연 좋을까?

중등 공부방의 경우 12월 2주 차까지 기말고사를 보는 학교가 있다 보니 시험 직전 대비에 바쁜 시기다. 학년을 마무리하는 시험이니만큼 학생과 학부모 모두 긴장감을 가지고 보는 시험이고 시험 결과에 따라 학생의 이동이 나타날 수 있기 때문에 신경을 많이 써야 한다. 또한 이미 11월부터 시험 대비를 하고 있는 상황의 연속이어서 학생들이 시험을 보기도 전에 지칠 수 있으므로 목표 설정과 동기 부여를 통해 학생들의 마음을 다잡는 데 중점을 두고 시험 대비에 만전을 기해야 한다.

시험 기간에는 주로 문제를 많이 풀게 하는 선생님들이 많다. 하지만 모든 학생에게 무조건 문제를 많이 풀게 한다고 해서 좋은 결과가 나오는 것은 아니다. 따라서 시험 기간도 효율적으로 운영하는 방법을 고민해야 한다. 우선 학생의 현황 파악이 필요하다. 중간고사 결과를 다시 한번 확인해 이번 기말고사에서 반드시 조금이라도 성적을 올려야 하는 학생은 누구인지, 100점을 목표로 하는 학생은 누구인지 학생별로 분류할 필요가 있다. 그리고 학생 수준별로 상위권 학생은 난도 높은 문제와 서술형 문제 중심으로 고득점을 공략한다. 하위권 학생은 어려운 문제보다는 중하위 수준의 문제를 풀게 하면서 쉬운 문제일수록 최대한 실수하지 않게 문제 풀이를 반복하는 것이 좋다.

시험 대비만큼 중요한 시험 전후 상담

이 시기는 시험 대비 못지않게 중요한 것이 시험 전과 시험 결과 상담이다. 시험 대비를 하면서 학생이 현재 어떤 부분을 어려워하고 있으며 모의 테스트를 보면 몇 점 정도가 나오고 있는지 시험 전에 상담 들어가는 것이 좋다. 시험 결과에 대해 막연한 기대를 하게 하는 것보다는 지금 어떤 노력을 하고 있는지를 상담해 추후 결과에 대해 학부모도 어느 정도 예측할 수 있도록 하는 것이 시험 후 결과에 대비하는 방법이다.

시험 결과 상담 역시 학생이 시험을 보고 오면 바로 확인하는 것이 먼저다. 학생의 점수만 확인하지 말고 시험지를 가져오도록 해 몇 점짜리 어떤 문제를 틀렸는지 구체적으로 살펴본 후 결과 상담을 진행해야 한다. 시험 결과 상담을 할 때는 점수 중심 상담보다는 시험 준비 기간 동안 어떤 노력을 했는지, 방학에 부족한 부분을 어떻게 채우도록 하겠다는 내용이 중심이 돼야 한다. 또한 학기 말 시험이니만큼 6개월 이상 다닌 학생의 경우 전체적인 성적 변화 추이나 공부 습관 변화 등을 이야기해주면서 상담을 마무리하는 것도 중요하다.

예비 중학생 홍보는 내부 홍보부터

이처럼 시험과 상담에 집중하다 보면 놓치는 것이 바로 홍보와 관리다. 중등 공부방은 특히 12월 예비 중학생 모집 홍보가 중요하다. 그러나 예비 중학생 모집은 쉽지 않다. 학부모와 학생들이 자유학기제로 인해 학습 부담감을 덜 느끼다 보니 중학교 1학년 공부의 중요성을 상대적으로 덜 느끼기 때문이다. 설상가상으로 학부모는 억지로라도 공부를 시키려고 하지만 정작 공부해야 할 학생이 사춘기의 정점에 가고 있는 시기이기 때문에 부모의 의지만으로는 예비 중학생 아이들을 공부방으로 유도하기가 쉽지 않다. 상황이 그렇다고 해서 넋을 놓고 있어서는 안 된다. 시기를 놓쳐 공부를 늦게 시작하면 학생뿐 아니라 선생님도 힘들기 때문에 되도록 빠르게 모집해 조금이라도 공부와 친숙해지도록 하는 것이 중요하다.

예비 중학생 홍보는 내부 홍보가 기본이다. 현재 다니고 있는 6학년 학생과 학부모를 대상으로 예비 중등 간담회를 준비해야 한다. 간담회를 준비할 때는 반드시 주변 중학교 학교 알리미 사이트에 들어가서 해당 중학교 특징과 세부 정보를 파악해야 한다. 특히 자유학기제를 어떻게 운용하는지에 대한 정보와 시험 난이도, 고등학교 진학 성과 등을 바탕으로 간담회를 진행해야 효과를 볼 수 있다.

12월 이벤트 '거창한 준비보다 소통 중심 이벤트로'

12월에 중요한 시험이 끝났을 때 연말이니만큼 중학교 학생들도 이벤트가 필요하다. 초등학생처럼 거창한 준비를 하지 않아도 된다. 피자나 치킨 등 간식을 푸짐하게 차려 그동안 고생하고 애썼다는 이야기를 하면서 내년에 하고 싶은 일들을 이야기 나눠보는 것만으로도 충분하다. 또는 단체 영화 관람이나 놀이공원을 다녀오는 이벤트를 해도 학생들이 좋아한다. 중학생이 스트레스를 풀 수 있는 것이 무엇이 있을까 고민해 준비하는 것이 좋고 학생들에게 직접 의견을 물어 진행하는 것도 방법이 될 수 있다. 조금 더 거창하게 진행하고 싶다면 공부방 시상식을 해도 좋다. 성적 우수 학생이나 성적이 눈에 띄게 향상된 학생에게 상장과 장학금을 주거나 여러 가지 재미있는 상 이름을 만들어 시상식을 해도 된다.

12월 중등 중심 공부방 주차별 시스템 운영

분류	홍보	상담	수업	관리
1주차	특강 홍보	시험 전 상담	시험 대비 준비 - 문제 프린트 준비	방학 특강 안내문 발송
2주차		방학 특강 안내, 신학기 프로그램 상담 - 시험 결과 상담	기말 시험지 풀이	
3주차	방학식, 졸업식 홍보 준비	1년 마무리 상담	특강 및 신학기 교재 선정 방학 프로그램 구성	예비 중등 간담회
4주차			방학 시간표 짜기	치킨, 피자 파티 - 시상식 - 가정통신문 발송

03
1월!
학생은 방학, 공부방은 치열한 개학

　새해를 맞이하는 1월, 학생은 마음의 여유가 생기지만 공부방 선생님은 더 바빠지는 달이다. 학기 중에는 오후 1시나 2시부터 수업이 진행되기 때문에 오전 시간이 여유 있다. 하지만 방학이 되면 학부모가 오전부터 수업을 요청하는 경우가 생긴다. 만약 특강을 진행하지 않을 계획이라면 시간표는 기존대로 유지하는 것이 좋다. 오전 수업을 요청하는 몇 명의 학생 때문에 아침부터 저녁까지 수업하게 되면 평소 생활 리듬이 깨지게 돼 더 힘들고 피곤해진다. 그렇게 되면 자연스레 오후 타임 수업에는 소홀해질 수밖에 없다. 게다가 다음 날 수업 준비에도 지장이 생길 가능성이 크다. 그러므로 수업 전체 시간을 오전으로 당겨서 오후에 일찍 마무리되는 시간표가 아닌, 기존 수업 시간을 유지하면서 오전 수업을 진행하는 것은 선생님이나 학생을 위해 피하는 것이 좋다.

특별한 특강으로 특별한 공부방

　겨울방학을 효율적으로 운영하는 공부방은 오전에는 방학 특강을, 오후에는 새 학기 진도 수업을 진행한다. 방학에 특강을 진행하는 목적은 두 가지다. 하나는 두 달 방학 특강을 이용해 씨앗 학생을 만들기 위해서다. 한국사나 한자와 같은 과목으로 자격증을 준비하는 특강, 방학 동안 책 읽기와 독서 기록장 쓰기 특강 등 공부방의 특색에 따라 특강을 진행해 새로운 학생에게 공부방 수업의 맛보기를 보여주는 특강을 진행하는 것이다. 다른 하나는 학기 중에 부족했던 부분을 집중적으로 보강하는 특강, 새 학기 예습을 위해 한 학기를 훑어보는 특강 등인데, 부족한 부분을 채우고 수준을 한 단계 높이기 위한 특강이다.

대부분 후자에 해당하는 특강을 하는 공부방이 많을 것이다. 그런데 특강의 효율성과 학생의 학습 효과 등을 고려한다면 특강 운영 시 조금 더 고민해 커리큘럼을 짤 필요가 있다. 특히 초등과 중등은 특강을 운영하는 목적을 어디에 두느냐에 따라 달라질 수 있다. 또한 방학식과 졸업식이 1월 초에 대부분 진행되기 때문에 홍보 타깃과 콘셉트를 잘 정해서 집중적으로 홍보해야 한다. 특강 홍보에 집중해서 씨앗 회원을 만드는 전략을 세워 미리 새 학기를 준비하는 것이 공부방 성장의 기회가 될 수 있다.

1월 초등 중심 공부방 기본 시스템 운영

효과적인 초등 특강 운영 포인트

초등 중심 공부방 특강은 학습 중심으로 운영하는 것도 좋지만 학습과 재미 두 가지 요소를 충족하는 것을 생각해보는 것이 좋다. 학교 진도 수업을 나갈 때는 정해진 시간 안에 진도를 나가고 개념 이해를 정확하게 배우는 것이 중요하지만, 특강 수업까지 진도 수업처럼 진행하면 방학 수업이 오히려 힘들고 지루할 수 있다. 학습 위주의 특강이라고 할지라도 학생들이 재미를 느끼고 공부에 흥미를 느낄 수 있도록 해야 한다. 다음은 초등 특강으로 진행할 수 있는 과목별 특강 운영 노하우다.

수학 특강 운영 꿀팁!

수학 특강을 한다면 스토리텔링 수학 특강을 하면 좋다. 부담 가지 않으면서 색다르게 특강을 운영하고 싶다면 시중에 나와 있는 스토리텔링 수학 문제집을 알아보고 두 달 안에 끝낼 수 있는 교재를 선택해서 진행하면 된다. 학생들의 흥미와 재미를 조금 더 고려한다면 선생님이 시간과 노력을 투자해 운영하는 방법이 있다.

저학년의 경우 스토리텔링 수학 동화를 활용해 동화를 읽고 느낀 점을 써보거나 간단한 수학 문제를 만들어보는 시간을 가진다. 이 방법은 수학 동화책을 구입해야 하기 때문에 부모님과 상담 시 충분히 소통해서 진행하는 것이 좋다.

고학년의 경우 유명한 수학자나 수학에 관한 재미있는 이야기를 주차별로 한 가지를 선택해 수학의 기본 원리가 어떻게 만들어지게 됐는지 알아보는 시간을 진행한다. 이런 특강 수업은 수학에 전혀 흥미가 없던 학생들도 수학에 관심을 갖게 되는 효과가 있다. 하지만 이 특강을 진행하기 위해서는 선생님의 노력이 많이 필요하고 미리 준비가 돼 있어야 한다. 어떤 수학자의, 어떤 주제를 가지고 진행할지 직접 커리큘럼을 구성하고 한 권의 교재처럼 만들어야 하기 때문이다. 제본까지는 아니더라도 프린트로 출력해 스프링 제본을 해서 만들어놓으면 추후 또 하나의 교재로 쓸 수 있어 매우 유용하다.

과학 특강 운영 꿀팁!

3학년에서 6학년까지 활용하기 좋은 특강은 과학 실험 특강이다. 각 학년 과학 교과와 연관된 실험을 정하고 과학 실험 키트를 구입해서 진행하면 된다. 실험하고 난 후 반드시 실험 과정과 결과를 정리하는 실험 노트 쓰기를 하는 것이 좋다. 과학 실험 특강의 경우는 실험 키트를 구입해야 하므로 비용을 포함해 특강 비용을 책정해야 한다.

혹은 다양한 동영상을 활용하는 방법도 있다. EBS 초등 과학 실험 프로그램이나 요즘 아이들이 좋아하는 과학 유튜브 채널 등 쉽고 재밌는 동영상을 함께 시청하고 실험 내용을 직접 해보거나 설명해보는 특강 진행도 추천할 만하다.

특강 시간표는 1, 2월 두 달간 주 1회, 8주 커리큘럼으로 짜도록 한다. 그래야 운영하는 선생님이나 교육비를 지불하는 학부모가 부담스럽지 않다. 또한 1, 2월은 설 명절이 들어있고 수업 일수가 적어 보강이 어려울 수 있으므로 특강으로 많은 수업을 잡지 않는 것이 좋다.

한국사, 한자 특강 운영 꿀팁!

학부모들의 관심을 끌 수 있는 특강은 한국사나 한자 특강이다. 한국사의 경우 초등학교 5학년부터 사회 교과에서 다뤄지기 때문에 초등 4학년부터 신청을 받으면 된다. 역사 특강을 진행하면서 중간 정리 시 연표를 만들어본 다거나 역사 송(Song)을 만들어보는 활동을 한다. 이러한 활동은 배운 내용을 자연스럽게 정리할 수 있고 특강 결과물이 만들어지게 돼 상담할 때도 많은 도움이 된다.

한자 특강은 학생들의 어휘력 향상을 위해 방학 때마다 꾸준히 진행해도 좋다. 수업하다 보면 교과 내용이나 문제를 풀 때 어휘를 몰라서 자주 물어보는 아이들이 많다. 교과서 필수 어휘의 90%가 한자어이기 때문에 방학 때 교과 연계 한자 특강으로 예습을 하면 실제 학습에 도움이 된다.

1월 이벤트 '견학 체험'

만약 특강을 진행하지 않는다면 역사박물관이나 미술관, 과학관 견학을 진행해 아이들에게 공부방을 벗어나 색다른 즐거움과 재미를 주는 시간을 제공한다. 방학이지만 똑같은 일상으로 바쁜 학부모들은 자녀를 데리고 견학 가는 것도 쉽지 않기 때문에 공부방에서 이런 관리를 해주는 것에 고마워한다.

✏️ 1월 초등 중심 공부방 주차별 시스템 운영

분류	홍보	상담	수업	관리
1주차	방학식, 졸업식 홍보			
2주차				
3주차	온라인 홍보 (블로그, 페이스북, 인스타그램 등)		특강 수업 - 정규 수업	견학: 박물관, 미술관, 과학관
4주차		학습 및 특강 진행 과정 상담		가정통신문 발송

1월 중등 중심 공부방 기본 시스템 운영

중등 중심 공부방은 1월 수업부터 알게 모르게 긴장감이 돌게 된다. 예비 중등은 초등학교에서 배우던 개념이 심화되기 때문에 학생들은 생소한 용어와 깊이 있는 내용에 낯설고 학부모들은 공부에 관심이 적어지는 자녀들 때문에 걱정인 상태다. 중학교 1학년은 2학년으로 올라가면서 중간, 기말고사를 본다는 사실 하나만으로도 가장 많이 스트레스를 받고 긴장하는 학년이다. 정서적으로도 중2병이라는 말이 있을 정도로 불안정하며 학습보다는 친구나 게임, 외모에 관심이 더 많기 때문에 선생님이 학생을 다루기도 쉽지 않다. 중학교 2학년은 3학년에 올라가면서 고입이라는 입시가 눈앞에 있다. 지역마다 입시제도가 다르겠지만 진학과 진로로 고민하는 것은 비슷하다.

상황이 이러하다 보니 중등 중심 공부방의 1월은 그야말로 치열한 방학이라고 할 수 있다. 그래서 방학 특강 역시 학습 중심으로 갈 수밖에 없다. 방학을 어떻게 보내느냐에 따라 그 학기가 결정되기 때문에 학생들의 과목별 수준과 누락된 부분을 체크해 학기 진도 커리큘럼과 특강 커리큘럼의 내용을 특별히 잘 구성해야 한다.

수학 특강 운영 꿀팁!

중등 수학의 경우 전 학년에서 개념을 제대로 이해하지 않은 단원이 무엇인지 체크해 반드시 방학 동안 잡고 가야 한다. 다음 학년의 학기 과정을 한 번 훑어보는 것도 중요하지만, 전 학년 수학 개념에 구멍이 난 상태로 진도를 나가면 1학년 첫 시험은 시험 범위가 적어 티는 나지 않는다. 하지만 결국 2학년에서 티가 나고 학생은 2학년 첫 시험 결과를 보며 이미 늦은 건 아닐까

좌절하게 된다. 따라서 수학 특강은 부족한 부분을 보강하는 커리큘럼으로 진행하고 학기 진도는 본 수업으로 진행하는 것이 좋다.

개념 중심 특강 교재는 여러 권 선택해 수업하는 것보다 한 권으로 두 번을 반복해 기본 개념의 기초를 확실히 잡고 가는 것이 더 효과적이다. 한 권의 교재를 두 번 활용하기 위해서는 처음부터 교재에 문제를 풀도록 하지 말고 연습장에 먼저 풀고 틀린 문제만 체크하도록 한다. 두 번째 교재를 풀 때 교재에 풀도록 하며 이때 체크한 틀린 문제에 집중하면 기본 개념이 탄탄해져 개학 후 수업 진행이 수월하다. 이렇게 선행 중심이 아닌 보충 중심의 특강을 진행하는 경우 학부모와 충분히 상담하는 것이 필요하다. 학생의 수준과 별개로 다음 학년의 선행을 중시하는 학부모에게는 불만의 요소가 될 수 있기 때문이다.

영어 특강 운영 꿀팁!

영어의 경우는 영역별로 나눠 특강을 진행하는 방법이 있다. 문법, 독해, 영작, 듣기 중에서 취약한 영역을 특강으로 잡고 내신 수업을 본 수업으로 진행하면 된다. 영어에 너무 흥미가 없거나 심도 있는 영어 수업을 원하는 경우 팝송으로 배우는 영어 특강, 영화로 배우는 영어 특강, 영자 신문으로 배우는 영어 특강 같은 프로그램을 준비하는 것도 추천할 만한 아이템이다. 다만 수업 준비를 해야 하는 수고로움이 따른다.

중등 영어의 경우 특히 문법 정리가 매우 중요하다는 것은 영어를 지도하는 공부방 선생님은 모두 동의할 것이다. 따라서 학년별 문법의 핵심만을 정리해 문법 맵을 만들어보는 특강을 진행해도 학습 효과가 좋다.

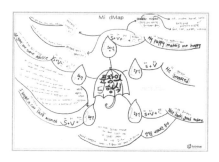
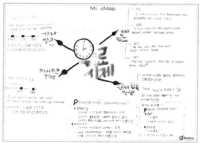

영어 문법맵 예시

자격증 특강 운영 꿀팁!

초등에서 한국사와 한자 특강을 학습 준비로 진행했다면, 중등에서는 자격증 준비를 위한 특강으로 진행하는 것이 좋다. 홍보 시 자격증 시험 접수 날짜와 시험 날짜 그리고 합격증 사진 등 일정과 합격증 결과물을 전단지에 기재해 방학 동안 열심히 준비하면 합격의 기쁨을 맛볼 수 있다는 것을 강조한다. 구체적인 커리큘럼과 교재 등을 자세히 넣고 특강비와 교재비를 포함한 수업료를 책정해 자격증 대비반으로 홍보하면 심심치 않게 특강 문의를 받을 수 있다. 학생들이 자격증 획득에 도전할 수 있도록 이벤트를 진행하고 합격증을 받은 학생은 추후 특강 홍보로 활용하면 회원 모집과 홍보 효과를 동시에 볼 수 있다.

1월 이벤트 '새해 꿈, 목표 선언'

1월을 시작하면서 학생들에게 장기적인 학습 동기를 유발해주고 싶다면 새해의 시작이니만큼 새해 목표를 적어 보는 시간을 가져볼 것을 추천한다. 'ㅇㅇㅇㅇ년 ㅇㅇㅇ의 목표', '목표 실현을 위한 실천 3 STEP'과 같은 간단한 내용을 예쁘게 출력해 쓰게 한 후 게시판에 붙여놓고 공부방에 올 때마다 볼 수 있도록 하는 것이다. 개학하고 학기 중에 공부 태도가 좋지 않거나 힘들어할 때마다 게시판에 붙여놓은 자신의 목표 실천 내용을 읽어보게 하면 분위기를 쇄신하는 데 도움이 된다.

✎ 1월 중등 중심 공부방 주차별 시스템 운영

분류	홍보	상담	수업	관리
1주차	방학식, 졸업식 홍보		교과별 수준 진단	꿈, 목표 선언 이벤트
2주차	온라인 홍보 (블로그, 페이스북, 인스타그램 등)		특강 수업 - 정규 수업	학습 플래너 점검 - 가정통신문 발송
3주차		학년별 간담회 진행		
4주차		학습 및 특강 진행 과정 상담		

04
2월!
새 학년 새 학기 완벽한 준비

2월은 설 명절이 들어있는 경우가 많으며 수업 일수도 적고 학부모들이 개학을 앞두고 자녀들과 어디라도 다녀와야 하는 건 아닌가 하는 생각으로 결석이 많아지는 달이다. 따라서 월초에 개별 상담을 통해 결석이 예상되는 일정이 있는지 미리 확인해 보강 가능 일정을 알려주는 것이 좋다. 이런 상담이 월초에 이뤄지지 않으면 갑자기 한 달만 쉬겠다는 학생이 많아지고, 그러다 보면 공부방 전체 시간표가 흔들리는 상황도 발생한다. 또한 일시적인 쉼이 아니라 재등록으로 이어지지 않는 퇴원 학생이 되기 때문에 2월 상담은 매우 중요하다.

1분기 마무리 상담

2월 말일에는 다시 한번 마무리 상담이 이뤄져야 한다. 상담은 방학 동안 진행한 학습 내용과 성취도 정도로 진행하면 무난하다. 특강을 진행한 경우는 어떤 부분이 보완됐는지, 학습 진도 수업의 경우 목표 대비 어느 정도 진도가 나갔는지 정도는 학부모에게 안내해야 한다. 이런 체계적인 관리가 학부모에게 인식돼야 1학기 여름 방학에 대한 기대를 하게 되고 다른 곳을 알아보려는 고민을 하지 않게 된다.

지속적인 온라인 홍보

2월 홍보는 1월 방학식과 졸업식 홍보에 집중돼 그 홍보가 끝나면 한산해진다. 그리고 오전부터 수업을 진행하는 공부방은 홍보할 시간이 나지 않는다. 따라서 현수막이나 전단지 같은 오프라인 홍보보다는 블로그나 인스타그램, 밴드와 같은 온라인 홍보가 효율적이고 효과적이다. 수업을 마치고 저녁 식사까지 마무리한 다음 여유 있는 시간을 활용해 특강 수업을 소개하는 내용을 블로그에 포스팅하거나 특강 시간에 수업하는 내용이나 수업 결과물 등을 방학 동안 꾸준히 올리면 당장 특강 수업으로 이어지지 않더라도 새 학기 신규 학생 모집에 많은 도움이 된다.

온라인 홍보는 업로드를 꾸준히 진행할 때 효과가 나타나는 홍보다. 포스팅 글을 쓰는 것이 부담인 경우는 아파트 게시판이나 종이 자석 전단 홍보라도 꾸준히 진행해야 한다. 새 학기 홍보를 놓치면 그 이후에 홍보해도 크게 움직이지 않으므로 어떤 방법으로든지 지속적인 홍보가 중요한 시기다. 3월 개학식이 있으니 2월 말부터는 개학식 홍보를 제대로 준비하는 것도 잊지 말아야 한다.

2월 초등 중심 공부방 기본 시스템 운영

2월 수업부터는 1월에 다져진 학습 체력을 바탕으로 공부방에서 진행되는 학습 프로세스를 하나씩 추가해가는 것이 좋다. 예를 들어 수학 풀이 노트를 써보기 시작하거나 나만의 개념 정리 노트를 만들어 쓰기 시작해보는 것이다. 틀린 문제에 대한 오답 노트를 만들어보는 것을 해도 좋다. 영어의 경우는 나만의 문법 노트 만들기 또는 쉽게 할 수 있는 나만의 영어 단어장 만들기를 시도해본다. 공부방에서 학습 프로세스를 정착시키는 것이 한 번에 가능하다고 생각할 수 있겠지만, 그동안 해보지 않은 것은 아무리 쉬워도 습관이 되기까지 시간이 걸린다. 그러므로 꼭 해야 하는 학습 프로세스를 만들고 차근차근 시도해보면서 스스로 만들어가는 결과물을 볼 수 있도록 해야 한다.

이런 학습 결과물이 만들어지려면 관리가 무척 중요하다. 처음부터 무리하게 잘 써야 한다거나 많이 써야 한다는 부담감을 주지 말고, 하지 않았던 것을 해내고 있다는 것만으로도 칭찬을 해줘야 한다. 학생들이 쓰기 싫다고 하거나 안 하면 안 되느냐고 물을 때 선생님이 달래고 설득하는 것이 힘들어서 포기하면 공부방의 학습 프로세스는 만들어지기 어렵다. 초등과 중등에 따라 보상 제도를 만들어서 동기를 유발하는 방법도 고민할 필요가 있다. 결국 포기하지 않는 선생님이 좋은 공부 습관을 만들 수 있다. 새 학년 새 학기의 완벽한 학습 준비는 거창한 것이 아니다. 공부방 학습 프로세스에 정착한 학생은 학교에 가서도 수업에 적응하기가 쉽다.

초등학교 저학년 학습 프로세스 정착

초등학교 저학년의 경우 아이가 공부방에 오는 자체가 즐거워야 한다. 저학년부터 공부방이 엄마가 가라고 해서 억지로 오는 곳이 되면 학습이 중요해지는 학년에 올라가서 공부에 흥미를 갖기가 더 힘들다. 또한 공부에 겁을 먹지 않게 도와주는 것이 공부방 적응의 첫 번째다. 그러기 위해서는 아이의 작은 말과 행동 하나에 관심을 주는 것이 중요하다. 초등학교 저학년은 개념 노트를 별도로 만드는 것보다 문제집을 풀 때 글을 정확히 읽고 글씨를 또박또박 쓸 수 있도록 지도해주는 것이 우선이다. 거기에 칭찬 통장을 만들어

하루 학습 분량을 마무리하면서 본인의 학습 태도에 대해 매우 잘함, 잘함, 보통, 노력 필요 등으로 직접 평가하도록 한다. 매우 잘함으로 표시한 경우 칭찬 도장을 찍어주거나 스티커를 붙여주고 월말에 작은 선물로 보상해주면 아이들이 좋아하며 점차 학습 습관이 정착된다.

365 시스템 공부방 칭찬 통장 20**년 2월			학교:		학년:	
			이름:			
일	월	화	수	목	금	토
	1	2	3	4	5	6
7	8	9	10	11	12	13
14	15	16	17	18	19	20
21	22	23	24	25	26	27
28						

초등학교 중학년 학습 프로세스 정착

중학년의 경우 배움의 즐거움을 알아가는 시기이기도 하지만 갑자기 늘어나는 학습량으로 인해 학습 부담을 느끼기도 한다. 따라서 무조건 해야 한다는 명령형보다는 스스로 학습 규칙을 정하도록 하는 것이 좋다. 수학 풀이 노트나 개념 정리 노트, 영어 단어장 만들기 등을 시작해본다. 수학 풀이 노트를 쓸 때는 사 등분 해 풀이 과정을 쓰는 연습을 한다. 개념 정리 노트를 쓰고 나면 중요하거나 어려운 개념을 5개 이하 정도 적어보고 다시 반복해서 암기한다. 영어 단어장은 매일 단어 10개를 쓰고 셀프 테스트 결과를 정리한다. 이와 같은 규칙을 스스로 정할 수 있도록 유도하는 것이다. 이를 꾸준히 실천하는 학생에게 문화상품권이나 간식 쿠폰을 발행하면 학습에 효과적이다.

초등학교 고학년 학습 프로세스 정착

고학년은 오히려 저학년이나 중학년보다 학습 프로세스를 적용시키는 것이 쉽지 않을 수 있다. 사춘기에 접어들면서 자신만의 방식을 고집할 수 있으므로 무조건적인 칭찬보다는 왜 써야 하는지 그 효과는 무엇인지 객관적으로 설명해줄 필요가 있다.

선생님의 설명이 부족하다고 생각되면 공신들의 공부법 같은 영상을 보여줘도 된다. 중학년에 실시하는 수학 풀이 노트, 개념 정리 노트, 영어 단어장을 실시하되, 자기만의 방식을 만들어갈 수 있도록 다양한 정리법 예시를 보여주는 것이 효과적이다. 또는 수준이 높은 학생의 경우는 틀린 문제 오답 노트나 문법 노트를 써보도록 해도 좋다.

2월 이벤트 '공부방 윷놀이 대회'

2월에도 특강이 진행되지 않는 공부방에서는 설 명절에 맞춰 공부방 윷놀이 대회를 열어 설 명절의 의미와 우리 전통 놀이에 대해 알아보는 시간을 가져도 좋다. 세계 여러 나라는 설 명절은 어떻게 보내는지, 윷놀이의 유래는 어떻게 되는지 알아보는 시간을 가진 뒤 팀을 나눠 윷놀이를 진행한다. 열심히 공부도 하고 즐거운 재미 요소를 이런 이벤트를 통해서 관리하면 학생과 학부모 모두 만족한다.

✎ 2월 초등 중심 공부방 주차별 시스템 운영

분류	홍보	상담	수업	관리
1주차	아파트 게시판, 자석 전단 홍보	보강 상담	학년별 학습 프로세스 정착	
2주차	온라인 홍보			
3주차	개학식 홍보 준비			윷놀이 대회
4주차	개학식 홍보 준비	방학 학습 결과 상담		가정통신문 발송

2월 중등 중심 공부방 기본 시스템 운영

중등 공부방의 경우도 초등과 마찬가지로 공부방 학습 시스템이 정착될 수 있도록 단계별 학습 프로세스를 진행해야 한다. 초등과 다른 점은 조금 더 구체적이고 현실적인 내용으로 접근해야 한다는 점이다. 왜 수학 문제 풀이 노트나 개념 정리 노트, 틀린 문제 오답 노트, 문법 노트, 영어 단어장 만들기 같은 것들이 공부하는 데 필요한지 학생들이 이해할 수 있도록 설명해 줘야 한다.

서술형 문제가 어떻게 나오는지, 문법 문제 수준이 어떻게 어렵게 나오는지 등 당장 시험을 치르지 않는 일부 중학교 1학년에게는 먼 나라 이야기일 수 있다. 하지만 실제 시험을 치르게 될 2, 3학년들은 이런 시험에 미리 대비할 수 있는 공부 습관을 만들어놓아야 한다는 것을 보여줄 필요가 있다. 학습 프로세스 정착의 중요성을 느끼게 해주기 위해 효과적인 방법은 학교 시험지를 보여주면서 설명해주는 것이다. 현재 다니고 있는 중학교 시험지를 보여주면서 설명하면 새 학기에 대한 긴장감을 줄 수 있다.

중학생들도 열심히 하는 것에 대한 보상은 필요하다. 열심히 한 친구들과 잘한 친구들에게는 영화표를 주거나, 잘한 부분을 복사해 '○○ 공부방 정리왕'으로 선정한 후 게시판에 공식적으로 붙여놓아도 된다. 게시판에 올라온 중학생은 쑥스러워하면서도 속으로는 자신을 대견스러워한다.

예비 중등 반 배치고사 준비

관리적인 측면에서 챙겨야 할 부분은 예비 중등 반 배치고사다. 반 배치고사는 중학교에서 공부 잘하는 학생과 못하는 학생들이 한 반에 몰리지 않도록 조정하기 위한 시험이다. 학교 입장에서 학생의 반 배치를 위한 시험이기 때문에 크게 중요하다고 생각하지 않을 수 있으나 공부방에 최상위권의 학생이 있다면 준비를 해주는 것이 좋다. 반 배치고사 결과가 중학교 첫 이미지가 될 수 있기 때문이다.

플래너 쓰기로 공부습관 만들기

중등 중심 공부방에서 2월부터 시작하면 좋은 것은 학습 플래너 쓰기다. 공부방의 특색을 담아 일일 학습 플래너 양식을 만들어서 제공해주고, 공부를 시작하기 전이나 공부를 마치고 나서 5분 정도 쓰는 연습을 시작해보는 것이다. 그날 공부한 내용이 무엇인지 간단히 정리하고 스스로 평가해보는 시간을 갖는 것만으로도 자기주도학습 습관을 만들어가는 기본이 된다. 처음부터 습관을 잡기가 쉽지 않지만, 공부 잘하는 학생의 플래너를 게시판에 부착해 예시를 보여주고 그 효과에 대해 주기적으로 언급하면서 월별 시상으로 동기를 유발하면 조금씩 플래너를 쓰는 습관이 생긴다.

365 시스템 공부방 일일 학습 플래너 20**년 2월	과목: 교재:		학교/학년: 이름:		
날짜	과제 체크	학습 단원	학습 분량	학습 완성도	확인
2월 1일(월)					
2월 2일(화)					
2월 3일(수)					
2월 4일(목)					
2월 5일(금)					
2월 8일(월)					
2월 9일(화)					
2월 10일(수)					

학년별 간담회로 전문적인 관리

학부모 상담은 학년별로 간담회를 진행하는 것이 좋다. 중등의 경우 1, 2, 3학년 모두 중요한 시기의 시작이기 때문에 방학을 어떻게 보내야 하는지, 새 학기 준비를 위해 필요한 것은 무엇인지 알려야 한다. 간담회를 통해 공부방에서 어디에 집중하고 있는지 학부모와 소통해 중학생 학부모가 느끼는 걱정과 불안을 덜어줘야 한다. 중학생 학부모와 선생님과의 신뢰를 형성하는 방법은 전문적인 관리가 되고 있다는 인식을 심어주는 것이다. 학년별 간담회 주제는 1학년의 경우 자유학년제나 고교학점제 제대로 알기, 2학년은 내신 관리의 기본과 완성 바로 알기, 3학년은 진로와 진학 맞춤형 내신 관리 등을 포인트로 잡으면 학부모의 관심을 끌 수 있다. 이때 중요한 것은 대략적인 교육 제도의 변화와 개념은 간단히 짚어주고 지역 학교 정보를 바탕으로 내용을 구체화하여 제공해야 한다.

2월 이벤트 '마니토 데이'

중학생들에게 2월에 시행할 간단한 이벤트는 바로 나의 공부 마니토 정하기다. 새 학기가 되면 새로운 친구들과 적응하는 것도 학생들에게는 스트레스가 될 수 있다. 공부방에서라도 서로 챙겨주면서 같이 공부하는 친구들과 잘 적응할 수 있도록 하는 것이 필요하다. 2월 말에 학생들 이름을 적어 마니토 뽑기를 한 다음, 3월 한 달간 마니토에게 잘해주는 미션을 진행한다. 한 달 동안 학생들 간의 관계가 친밀해지면 3월 말에 각자의 마니토를 발표하도록 한다. 마니토 정하기 이벤트는 준비할 것이 거의 없기 때문에 선생님 입장에서도 크게 부담스럽지 않게 진행할 수 있다.

2월 중등 중심 공부방 주차별 시스템 운영

분류	홍보	상담	수업	관리
1주차	아파트 게시판, 자석 전단 홍보	보강 상담	반 배치고사 준비	
2주차	온라인 홍보			
3주차			학년별 학습 프로세스 정착	
4주차	개학식 - 학부모 총회 홍보 준비	방학 학습 결과 상담		공부 마니토 정하기 - 가정통신문 발송

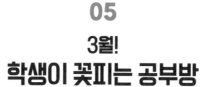

05
3월!
학생이 꽃피는 공부방

3월, 여기저기 예쁜 꽃들이 피어나는 시기다. 공부방에는 학생들의 꽃이 피어야 한다. 그러기 위해서는 3월 홍보와 상담을 제대로 준비하고 시행하는 것이 무척 중요하다. 3월 개학식은 그야말로 홍보의 전쟁터다. 방학식과 졸업식을 놓쳤던 곳도 개학식만큼은 홍보하는 곳들이 많기 때문에 어설프게 홍보를 준비해서는 다른 학원이나 공부방, 학습 센터 등에 묻히기 마련이다. 3월 개학식 홍보는 무조건 눈에 띄는 홍보 전략을 준비해야 한다. 눈에 띄는 홍보가 되려면 오감이 자극되는 홍보가 무엇이 있을까 고민하는 것이 필요하다.

시각 자극 홍보

대부분의 홍보는 시각 자극이다. 그런데 그 자극은 전단지에만 집중이 돼 있다. 전단지 홍보의 글 내용은 강조할 3가지만 담는 것이 좋다. 구체적인 커리큘럼이나 공부방의 특징은 학부모가 상담을 왔을 때 설명해도 된다. 전단지 내용도 중요하지만 전달해주는 시각도 중요하다. 요즘 학교 앞에서 캐릭터 탈 인형을 쓰고 홍보하는 곳이 있다. 캐릭터 탈 인형은 인터넷 사이트에서 10만 원 이내로 구매할 수 있어 가격 부담이 크지 않다. 캐릭터 인형 홍보는 아이들 반응이 좋고 초등학생의 경우는 같이 사진도 찍자고 할 정도로 홍보에 효과적이다. 대신 선생님이 직접 쓰고 전단지를 나눠주는 것보다는 아르바이트를 활용하거나 지인을 활용하고, 선생님은 옆에서 공부방 이름을 말해주며 알리는 것이 좋다.

청각 자극 홍보

청각이 자극되는 홍보가 무엇이 있을까 의아할 것이다. 보통 홍보물을 줄 때 간단히 공부방 이름을 말하면서 나눠주는 것 외에 청각을 자극하는 홍보는 신경을 쓰지 않는 경우가 많다. 청각을 자극하는 방법은 노래방 무선 마이크를 준비해 '○○ 공부방 10초 노래방'을 열고 10초 동안 노래를 부르게 하거나 마이크에 대고 공부방 이름을 5번 외치면 선물을 주는 방법이 있다. 또는 공부방 전단지 내용 중 3줄 정도를 읽도록 해도 된다. 이렇게 다양한 미션을 만들어서 그중 하나의 미션을 수행하면 선물을 주는데, 이때 조금 좋은 선물을 준비한다. 이 방법은 학생이 직접 공부방 이름을 말하는 것이므로 공부방이 잘 기억되는 홍보 방법이다.

미각, 후각 자극 홍보

미각이나 후각을 자극하는 홍보는 홍보물로 먹을 것을 준비하는 것이다. 대부분 솜사탕이나 팝콘 기계를 사용하는데 기계를 구할 수 있으면 한 번쯤 활용해볼 만하다. 이 방법은 적어도 3명 정도가 필요하다. 솜사탕이나 팝콘을 만드는 사람, 학생 줄을 세우는 사람, 전단지를 나눠주는 사람이다. 함께 도와줄 사람이 있다면 학생들이 줄을 서서 기다리게 되므로 홍보 효과가 좋다.

다른 방법은 카레떡볶이를 종이컵에 담아주는 방법이다. 종이컵은 공부방 로고와 전화번호가 찍힌 것으로 제작한다. 카레 냄새가 자극적이고 수업이 끝나고 돌아가는 시간대가 출출할 시간이기 때문에 호응이 좋다. 이것이

번거롭다면 일회용 카레를 사서 양면에 공부방 홍보 전단을 붙여서 나눠주는 방법이 있다. 이 방법은 엄마에게 홍보물이 전달되는 효과가 있다.

3월 초등 중심 공부방 기본 시스템 운영

새로운 곳을 알아보기 위해 공부방을 찾아온 초등 상담의 포인트는 기초 학습 능력 키우기와 공부 습관 정착이다. 이 두 가지는 어느 날 갑자기 만들어지는 것이 아니며 선생님의 역할이 중요함을 강조해야 한다. 공부 습관이 잡히기 위해서는 매일 일정한 시간에 일정한 장소에서 일정한 학습량을 공부하는 것이 기본인데 공부방은 학원형의 체계적인 시스템과 학생들의 사소한 생활 습관까지도 잡아줄 수 있다고 장점을 부각하는 것이 좋다.

첫 상담! 신규 등록을 결정하는 첫인상

1, 2월 홍보를 열심히 했다면 3월이 일 년 중 상담이 가장 많은 달이 될 것이다. 그렇기 때문에 처음 찾아오는 학부모의 첫 상담은 매우 중요하다. 첫 상담에서 신규 등록을 결정하는 가장 결정적인 포인트가 무엇일까? 대부분 상담 내용이라고 생각할 것이다. 그런데 학부모가 상담 내용에 집중하고 관심을 끌게 만드는 요인은 바로 공부방과 선생님의 첫인상이다.

공부방 내부가 깔끔해야 함은 물론 가정집이 아닌 공부하는 곳이라는 인상을 줘야 한다. 그러기 위해서는 게시판이나 학생별 파일함 관리에 신경 써야 한다. 또한 학습 프로그램이나 시스템, 시간표, 수업료를 한눈에 볼 수 있도록 준비해 학부모 앞에서 이것저것 가져오느라 왔다 갔다 하는 일은 없어야 한다.

상담하는 선생님의 복장과 표정, 말투 역시 중요하다. 밝고 상냥한 표정과 말투로 상담하되, 지나치지 않도록 조심해야 한다. 학부모의 유형에 따라 상냥함보다 전문적이고 학생들을 잘 관리할 수 있는 카리스마를 선호하는 경우도 있으므로 몇 마디 대화를 해보면서 적절한 표정과 말투로 응대하는 것이 좋다. 옷차림 역시 경직돼 보이는 정장보다는 깔끔한 원피스나 세미 정장 정도의 단정한 옷차림이 무난하다. 너무 편안해 보이는 박스 티에 달라붙는 쫄바지를 입고 상담하는 것은 금물이다. 남자 선생님들은 기본 셔츠에 양복바지(면바지)가 무난하며, 한여름이라 하더라도 반바지는 피하는 것이 좋다.

학부모 총회 홍보! 무엇이 중요할까?

3월 신학기에서 가장 중요한 행사는 학부모 총회 홍보다. 학교별 학부모 총회 일정을 미리 알아두고 홍보를 준비해야 한다. 홍보 대상이 학생이 아닌 학부모이므로 홍보물이 달라야 한다. 학부모를 대상으로 하는 홍보물은 전단지에 정보를 구체적으로 담는 것이 중요하다. 그리고 교육 이슈에 대한 정보를 정리해 홍보물과 함께 전달하면서 더 자세한 내용은 공부방에 와서 상담받으라는 메시지를 주면 된다. 교육 정보 대신 간단한 편지를 써서 나눠주는 홍보는 특색이 있어 기억에 남는다. 자신의 공부방 운영 철학과 지도 경력, 학생 시험 결과, 취득한 자격증 등을 한 장에 담아 공부방 프로그램과 함께 전달하는 방법이다. 홍보물도 집에서 늘 쓸 수 있는 고무장갑, 행주, 비닐장갑, 휴대용 마트 가방 등으로 준비하는 것이 좋다. 홍보할 때 파라솔을 준비해 상담 신청서를 적어주고 상담 예약을 하고 가는 학부모에게 커피 쿠폰을 주는 것도 좋은 방법이다.

교과 학습 진단평가 및 단원평가 준비

초등은 3월에 교과 학습 진단평가가 있다. 국가에서 시행하는 학생의 기초 학력을 평가하는 시험이므로 난도는 그리 높지 않다. 학교 담임선생님도 학부모와 학생들에게 공지하지 않고 보는 경우도 많다. 그러다 보니 학교에 상담하러 가서 알게 됐다고 당황하는 학부모도 있다. 새 학기가 시작되자마자 처음 시행되는 평가이므로 크게 중요하지 않은 평가라 할지라도 3월 학교 일정에서 중요한 부분이므로 간단하게라도 준비해서 시험을 보도록 해야 한다. 또한 3월 중순 이후 단원평가가 실시된다. 초등학생은 중간, 기말 평가가 없으므로 단원평가를 세심하게 챙겨야 한다. 학교 수업에 집중을 잘하는 학생들에게 학교 진도나 단원평가 일정을 수시로 체크해 준비해주는 것이 추후 학습 관리에도 도움이 된다.

새 학기 사소한 관심이 중요

3월은 학생들과 대화를 많이 해보는 것이 좋다. 학교 담임선생님은 누구이고 어떠신지, 수업 방식은 어떻게 진행되는지, 새로 사귄 친구는 있는지, 숙제는 어느 정도 내주는지 등 별거 아닌 질문이겠지만 이를 통해 학생의 학교 적응 정도를 파악해봐야 한다. 이는 사소한 내용일 수 있지만 학부모 상담 시 함께 언급해 주면 학부모에게 공부방 선생님이 자녀에게 많은 관심이 있다는 믿음을 줄 수 있다. 특히 학생과의 대화 시간이 부족한 직장모에게 신뢰를 줄 수 있는 부분이다.

또한 학부모 입장에서는 3월에 진행되는 담임선생님과의 상담 주간이 부담될 수 있다. 이때 담임선생님과의 상담 시 복장이나 질문거리 준비 등에 대한 정보를 문자나 카톡, 또는 밴드에 공유해주면 학부모에게 도움을 줄 수 있다.

3월 이벤트 '공부 꿈나무 이벤트'

초등학교에서 개인 화분을 준비해 가꾸는 것처럼 공부방에서도 나의 공부 꿈나무 이벤트를 진행한다. 화분은 선생님이 준비해서 나눠줘도 된다. 아이들 화분에 '시스템 공부방 공부 꿈나무 ○○○'라고 적어서 공부방 창가에 비치해두고, 가끔 물을 주도록 하면서 공부 동기 부여로 활용한다.

🖎 3월 초등 중심 공부방 주차별 시스템 운영

분류	홍보	상담	수업	관리
1주차	개학식 홍보		교과 학습 진단평가 준비	공부 꿈나무 이벤트
2주차	학부모 총회 홍보			학부모 총회 준비 – 정보 안내
3주차			단원평가 준비	
4주차		학교생활 상담 – 단원평가 결과 상담		가정통신문 발송

3월 중등 중심 공부방 기본 시스템 운영

초등과 중등을 함께 지도하는 공부방의 경우 소문을 듣고 오더라도 선생님의 실력이나 전문성에 대한 물음표를 가지고 있는 경우가 있다. 따라서 중등 신규 학생 상담에 미리 준비해야 하는 것은 주변 중학교에 대한 상세한 정보다. 자료는 각 학교 '학교알리미'를 통해서 확인할 수 있다.

학교 분위기나 학교 수준, 시험 경향 및 고등학교 진학 정보를 상담 시 적절하게 활용하면 학부모가 상담 전에 가졌던 우려를 불식시킬 수 있다. 학교에 대한 파악은 전문성을 확보하는 것이며, 상세한 정보는 학부모에게 공부방이 전문적인 학원 못지않다는 인식을 심어준다.

이는 입소문이 나는 효과적인 방법이 되기도 한다. 이와 함께 지난해 시험 성적 결과를 자료로 만들어 상담 시 적절히 활용하면 학부모들에게 신뢰를 줄 수 있다.

학교알리미 똑똑하게 활용하기

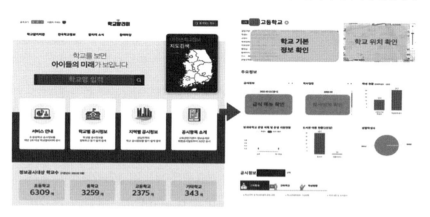

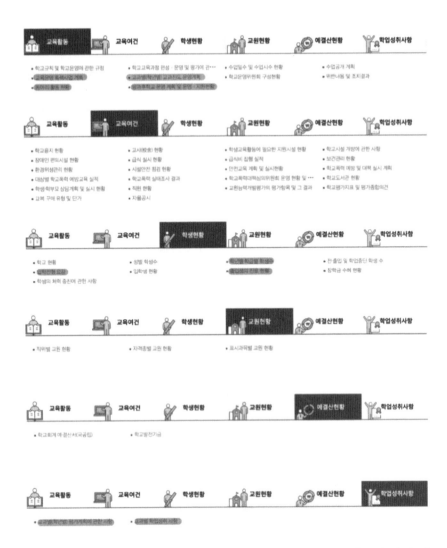

학교알리미 메인 페이지에서 검색란에 학교명을 입력하면 학교에 관한 기본 정보와 현황이 나온다. 여기서 공시 정보 연도를 선택하면 위와 같은 정보를 확인할 수 있는데 상반기에 검색했을 경우 전년도로 검색하면 다양한 정보를 확인할 수 있고, 10월 전후에 검색했을 경우 올해를 검색하면 올해 1학기 내용을 확인할 수 있다. 전체 내용을 살펴보되, 체크한 내용 위주로 살펴보면서 주변 학교의 특징을 파악하는 것이 중요하다.

학교 교육활동 가운데 교육운영 특색 사업, 동아리, 방과 후 활동은 학교 생활기록부에 활용할 기본 활동의 기반이 되는 중요한 정보이므로 꼭 살펴볼 필요가 있다. 교육활동 메뉴에서 각각 클릭하면 아래와 같은 구체적인 정보를 확인할 수 있다.

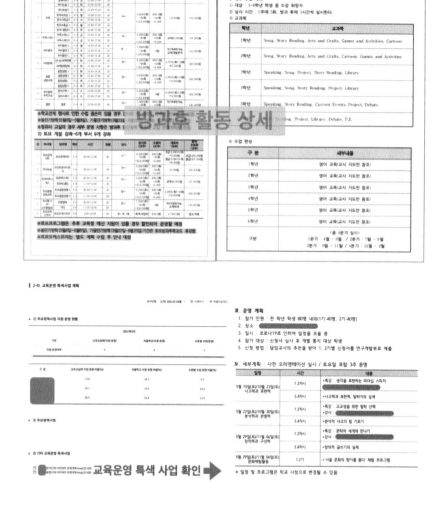

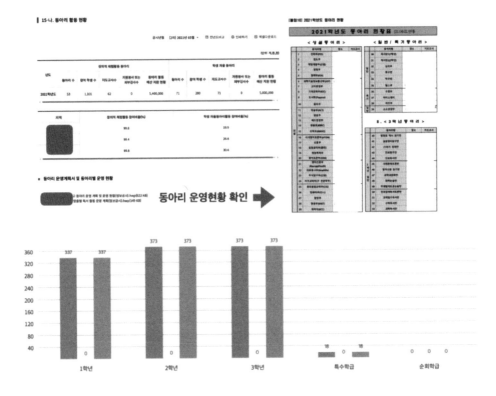

학생 현황에서 학급별, 학년별 학생 수는 고등학교의 경우 공통과목 과목 등급 산정의 기준이 되므로 각 학년의 학생 수를 파악해 두는 것이 필요하다. 졸업생의 진로 현황에서는 중학교, 고등학교 진학 결과를 각각 살펴볼 수 있다. 중학교의 경우 특목·자사고, 특성화고 진학 비율을, 고등학교의 경우는 4년제, 전문대 진학 결과를 알 수 있으나 상세 입시 결과까지 공시하지 않는다.

학업 성취 관련 사항에서는 학년 초의 경우 첫 공시 월이 되기 전까지는 올해 해당 학교의 교과별 평가 계획을 확인하기 어렵지만, 전년도 정보를 통해 해당 학교의 교과별 평가 계획을 첨부된 파일을 통해 상세 내용을 확인

3장

할 수 있다. 교과별 학업 성취 상황에서는 실제 성적 분포와 평균, 표준편차를 확인할 수 있다. 평가 계획과 함께 해당 학교의 기출문제를 확인하고 분석한다면 해당 학교의 성취 수준에 대해 보다 구체적으로 파악할 수 있다.

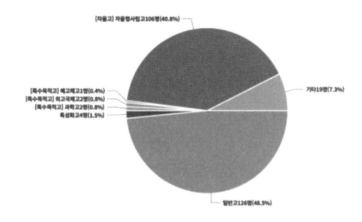

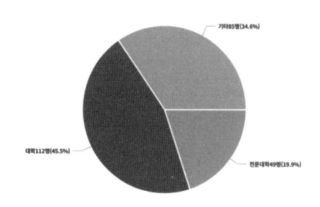

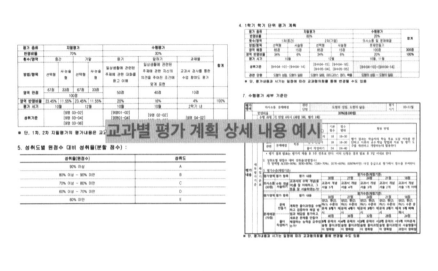

교과별 평가 계획 상세 내용 예시

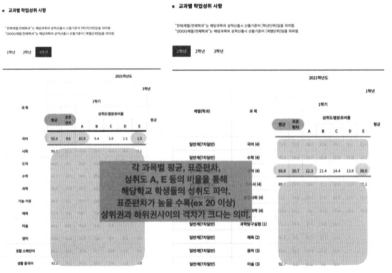

각 과목별 평균, 표준편차,
성취도 A, E 등의 비율을 통해
해당학교 학생들의 성취도 파악.
표준편차가 높을 수록(ex 20 이상)
상위권과 하위권사이의 격차가 크다는 의미.

3월 신규 등록 학생 상담 시 유의점은?

중학교 1학년 학생의 경우는 자유학년제로 시험에 대한 긴장감은 없는 경우가 많지만 정작 수업 시간에 배우는 내용은 초등학교 때 배운 내용보다 어려워지고 용어가 생소하기 때문에 학습 흥미와 자신감이 많이 떨어진다. 따라서 공부에 대한 부담감을 줄여주면서 재미있게 공부하고 자신감을 키워주는 것에 기본을 두고 상담을 하는 것이 좋다.

시험을 보는 2, 3학년 중학생이 방학이 아닌 3월에 공부방을 옮기려고 상담을 왔다면 나름대로 이유가 있을 것이다. 그 이유가 무엇인지 정확히 파악해야 하고 이전에 어디서 어느 정도 공부했는지에 따라 상담 내용이 달라질 수 있다. 학생의 수준 파악을 위해 간단한 테스트를 진행해보는 것도 필요하다. 중간고사가 코앞에 있기 때문에 성적에 민감할 수 있으므로 첫 시험에 대한 기대감을 너무 높이는 상담은 피해야 한다.

주요 정보는 학생들과의 대화에서

중등 역시 학생들과의 대화를 통해서 새 학기 학생들의 적응도를 살펴보는 것이 좋다. 중학교 1학년의 경우 자유학년제 활동으로 무엇을 하는지 봉사활동은 무엇을 하고 있는지 물어보면서 학생의 개별 상황을 파악하는 것이 필요하다. 특히 중학생의 경우 학부모와의 대화가 갈수록 어렵기 때문에 이런 내용이 중요한 정보가 될 수 있다. 또한 과목별 선생님의 수업 스타일이 어떤지 파악하는 것이 중요하다. 3주 정도 지났을 때 학생에게 학교 교과서나 프린트 등을 가져오게 해 필기 내용을 살펴보고 학생이 학교 수업에 어느 정도 집중하고 있는지, 선생님이 어떤 부분을 강조하고 있는지 미리 파악해두면 시험 대비가 좀 더 수월하다.

3월 이벤트 '마니토 발표'

학생 관리 이벤트로는 2월 말에 뽑았던 공부 마니토를 발표하며 선물을 주는 시간을 마련한다. 선물은 학생이 준비하는 것이 아니라 선생님이 요즘 중학생들이 좋아할 만한 소소한 것으로 포장해 준비한다. 학생이 자신의 마니토를 발표하고 선생님이 준비한 선물 중에서 주고 싶은 선물을 골라서 마니토에게 주는 방식으로 진행한다. 중간에 마니토 맞추기 게임도 진행하면 더 즐거운 이벤트가 될 수 있다. 이런 이벤트를 통해 같은 공부방에 다닌다는 소속감도 주고, 어색한 분위기를 완화해 줄 수 있는 시간이 돼 공부방 분위기도 한층 좋아진다.

✎ 3월 중등 중심 공부방 주차별 시스템 운영

분류	홍보	상담	수업	관리
1주차	개학식 홍보			
2주차	학부모 총회 홍보			학부모 총회 준비 – 정보 안내
3주차			학교 교과서, 프린트 파악	
4주차		학교생활 상담 – 중간고사 대비 상담		공부방 마니토 발표 – 가정통신문 발송

06

4월!
UP&DOWN 마인드 컨트롤

　3월은 달라진 학교나 친구, 학교 수업 시간에 배우는 교과목의 내용 적응이 중요한 달이다. 그 적응 여부에 따라 1학기 결과가 좌우되므로 학생과 학부모 그리고 공부방 선생님도 편안하지 않은 시기다. 하지만 4월이 되면 날씨도 따뜻해지고 서먹서먹했던 선생님과 친구들도 익숙해지면서 긴장감이 풀어지기 시작한다. 친구들과 수다를 떨다가 선생님께 지적을 당하기도 하고 숙제를 내줘도 깜박했다는 말을 자주 한다. 선생님 역시 학생들과 친숙해지면서 적당히 농담을 주고받기도 하며 공부 분위기가 조금씩 흐트러지기 시작하고 있음을 느낀다. 그래서 4월은 선생님 스스로 마인드 컨트롤이 무척 중요하다. 자칫하면 공부방 수업 분위기가 흔들려 집중력이 떨어지고 애써 만들어진 규율이 무너지기 시작하기 때문이다. 이렇게 되면 중등의 경우 시험이 있는 학년은 시험 준비에도 좋지 않은 영향을 미칠 수 있다.

　4월은 초등 중심 공부방과 중등 중심 공부방의 주 관리 포인트가 다르다. 초등 중심 공부방은 학교에서 과학의 달 행사가 있으니 이를 위해 준비를 한다거나, 3월에 신규 학생 모집 홍보나 상담으로 놓치고 있던 기존 학생들 관리와 학부모 상담에 관심을 가져야 한다. 또한 공부방 규율이 흔들리고 있다면 수업 운영 규칙과 기준을 다시 재정립해 학생들과 다지기를 해야 한다. 중등 중심 공부방은 새 학년 첫 시험에 대한 중요성을 부각하면서 풀어졌던 마음을 다시 다잡을 수 있도록 적당한 긴장감을 줘야 한다. 그리고 본격적인 중간고사 대비에 만전을 기해야 한다.

4월 초등 중심 공부방 기본 시스템 운영

지각을 잡아야 하는 이유

수업 시간을 지키는 것은 공부 습관에서 매우 중요한 부분이다. '5분이나 10분 정도는 괜찮겠지'라는 생각으로 그냥 넘기기 시작하면 이것이 습관이 돼 쉽게 고쳐지지 않는다. 지각이 잦아지면 바로잡아야 하는데 아이가 지각할 때 무조건 혼내거나 다그치기보다는 원인을 알아봐야 한다. 물론 핑계를 댈 수도 있겠지만 지각하는 핑계를 줄이거나 없애주는 것도 학생을 관리하는 노하우다. 지각하는 원인을 알아보기 위해서 살펴봐야 할 부분은 학교에서 공부방으로 오는 길에 무엇이 있는지 알아보는 것이다. 문방구나 분식집 또는 피시방이나 오락 기구가 있는 곳 등 학생들의 호기심을 자극할 만한 것들이 있는지 살펴보고 주의 줄 수 있어야 한다.

초등학생들은 3월부터 방과 후 수업을 시작하면서 방과 후 수업을 이유로 지각하는 경우가 있다. 이럴 땐 학생의 방과 후 수업이 끝나는 시간을 정확히 파악해 수업 시간 변경이나 다음 방과 후 활동을 정할 때 공부방 수업 시간을 고려할 수 있도록 학부모와 상담이 이뤄져야 한다.

지각생 상담은 어떻게?

잦은 지각이나 수업 변동으로 인한 상담을 할 때 유의해야 할 부분이 있다. 대부분 학생이 지각하거나 시간을 변경하면 다른 학생들에게 피해가 가니 어머니께서 신경을 써달라는 상담을 한다. 그런데 이는 자칫 학부모에게 불쾌감을 주거나 미안함을 자극해 '다른 곳으로 옮겨야 하나?'라는 생각을 하게 만들 수 있다. 지각 문제로 상담할 때는 다른 아이도 중요하지만, 학부모에게는 자신의 아이가 우선임을 잊지 말아야 한다. 따라서 학부모에게 아이의 지각을 책망하기보다는 학생의 입장에서 제시간에 오는 것이 아이의 바른 공부 습관을 잡아주기 위해 중요하다고 상담해야 학부모의 오해를 줄일 수 있다.

현명한 숙제 관리는 어떻게?

다음으로 잘 관리해야 하는 것은 숙제다. 학부모가 숙제를 많이 요구하는 경우와 반대로 그렇지 않은 경우가 있어 공부방마다 숙제 관리 방법이 다를 수 있다. 중요한 것은 숙제가 선생님과 학부모와 아이에게 과한 스트레스가 돼서는 안 된다는 것이다. 숙제의 양이 많으면 해야 하는 학생도 힘들지만 검사하고 채점하는 선생님도 힘들다. 학부모는 숙제 잔소리로 자녀와 관계가 멀어진다. 그러므로 어려운 문제는 공부방에서 해결하고 쉬운 문제를 숙제로 내주는 것이 좋으며 1시간을 넘어가지 않을 정도의 숙제 양을 내주는 것이 스트레스를 줄이는 방법이다.

4월 이벤트 '과학의 달 이벤트'

4월에 진행하는 과학의 달 행사는 아이들도 학부모도 신경 쓰는 대회다. 저학년은 주로 과학 상상화를, 중·고학년은 글쓰기 또는 로켓 대회 등을 시행한다. 로켓 대회는 주말을 이용해 아이들과 놀이터나 학교 운동장에서 한 번씩 해보는 것도 큰 도움이 된다. 또는 하루 시간을 내어 짧은 과학 다큐멘터리 영상을 보여주거나 『과학동아』 같은 잡지에서 흥미로운 기사 몇 가지를 프린트해 나눠주고 읽어보는 시간을 가져보는 것도 좋다. 특히 과학영재 교육원에 관심이 있는 학부모에게는 이에 대한 정보를 알려주면 세심한 관리에 고마워한다.

4월 초등 중심 공부방 주차별 시스템 운영

분류	홍보	상담	수업	관리
1주차	아파트 게시판, 자석 전단 홍보	학년별 학습 습관 상담		과학의 달 행사
2주차				숙제 관리, 출결 관리
3주차	온라인 홍보		단원평가 대비	
4주차	학부모 공개 수업 – 홍보 준비			5월 행사 준비 – 가정통신문 발송

4월 중등 중심 공부방 기본 시스템 운영

중등 중심 공부방에서 4월은 가장 신경이 많이 쓰이는 달이다. 매 학년 보는 시험이지만 그해 첫 시험은 학생과 학부모 모두 걱정이 되기 때문이다. 더군다나 새 학기 시작한 지 한 달밖에 지나지 않았는데 시험 대비 기간으로 들어가기 때문에 시간이 촉박하다고 생각을 한다. 그러므로 중간고사에 만반의 대비를 위해서 꼼꼼한 준비를 해야 한다. 영어 공부방의 경우 듣기 평가가 있으니 이도 신경 써야 한다.

중간고사 준비는 동기 부여부터

중간고사 대비를 위해 먼저 해야 할 것은 무엇일까? 우선 들떠있는 학생들의 마음을 가라앉히고 4월 첫 주부터 중간고사 대비 기간임을 공지한다. 그리고 학생 개별 목표를 정하고 과목별 시험 대비 계획을 어떻게 짜야 하는지, 공부방에서는 어떻게 계획하고 준비할 것인지 학생들과의 소통이 필요하다. 중간고사 대비에 대한 소통 없이 선생님의 일방적인 계획으로 진행하면 선생님의 노력 대비 학생의 결과는 좋지 않을 수 있다. 학생들은 시험 스트레스를 미리 받는 것이 부담되기 때문에 시험 범위도 안 나왔다며 투덜거릴 수 있다. 하지만 시험 대비를 미리 해야 하는 이유를 설명해주고 목표를 세우며 어떻게 시험을 준비하는 것이 좋은지 이야기를 나누는 시간이 필요하다. 이런 소통을 해야 공부에 동기를 부여하고 중간에 느슨해지더라도 다시 다잡을 수 있다.

중간고사 대비는 학생별 전략으로

학생별 목표와 계획이 정해지면 학교 선생님에 따라 학기 수업 전 시험 범위를 미리 공지하기도 한다. 학생에게 학교별 시험 기간과 시험 범위를 확인하고 현재 학교 진도를 확인한다. 관리하는 학생의 학교가 3개를 넘어가면

머릿속으로 기억하기에 무리가 있으므로 선생님과 학생이 모두 볼 수 있도록 게시판에 붙여놓는다.

다음으로 학생 성적대별 시험 준비 관리 전략을 세운다. 학생을 상·중·하위권으로 분류하고 상위권도 만점을 목표로 하는 학생, 90점대를 유지해야 하는 학생으로 나눈다. 중위권의 경우 80점대에서 90점대로 향상 가능한 학생, 자칫하면 성적이 70점대로 떨어질 우려가 있는 학생으로 나눈다. 하위권은 30점 이상 성적 향상이 가능한 학생이 누구인지 살펴본다. 상위권은 실수를 최대한 줄이고 최상 난이도 문제를 틀리지 않는 것을 목표로 준비한다. 중위권은 서술형 문제에서 감점을 받지 않도록 하고 다양한 문제를 통해 난이도 있는 문제에 도전하도록 한다. 하위권 학생 중에 점수 향상 가능성이 큰 학생은 어려운 문제보다 아는 문제를 최대한 다 맞히는 것을 목표로 꾸준하게 개념 확인 문제를 풀도록 한다. 이렇게 성적대별 전략을 가지고 시험을 대비해야 추후 시험 결과로 홍보할 수 있다.

또한 4월에는 전국영어듣기평가를 시행하며 시험 결과를 영어 교과 수행평가에 반영하는 학교가 많다. EBS 전국 중·고등학교 영어듣기능력평가 사이트에 기출문제가 탑재돼 있으니 듣기평가 전에 공부방에서 미리 풀어보길 추천한다.

선생님 체력 관리도 시험 대비 전략

3월 신학기 홍보에 4월 시험 대비로 선생님의 체력은 떨어져 간다. 봄바람은 살랑거리고 화사한 꽃들이 사방에 즐비한데 시험 준비로 공부방에 갇혀 정신없이 보내다 보면 마음이 한없이 가라앉게 되는 시간이 4월이다. 이럴 때일수록 마음의 여유를 갖고 체력 관리에도 더 신경을 써야 한다. 선생님이 아무리 열심히 시험 대비에 열중하고 싶어도 감기 한 번 심하게 걸리면 별거 아닌 감기로 학생들은 손해를 보고 선생님 마음도 편치 않다. 또한 시험 보는 학생보다 선생님이 오히려 시험에 더 불안해하고 걱정하는 모습을 보여서는 안 된다. 선생님의 평상시 마인드 컨트롤이 잘돼있을 때 학생들도 안정감이 있는 시험 대비가 가능하다.

4월 이벤트 '과학의 달 이벤트'

발명 대회를 제외한 모든 과학의 달 행사가 4월 첫째 주에 진행된다. 학교별로 차이가 있지만, 대다수 학교에선 에어 로켓 대회와 과학 토론대회를 개최한다. 두 대회 모두 2인 1조로 출전하며 교내 예선과 본선을 거쳐 교육청 대회에 진출한다. 따라서 대회에 관심이 있는 학생이 있는지 확인해보고 도움을 줄 수 있는 방법을 논의해보는 것도 좋다.

✎ 4월 중등 중심 공부방 주차별 시스템 운영

분류	홍보	상담	수업	관리
1주차	아파트 게시판, 자석 전단 홍보	중간고사 준비 상담	중간고사 목표 및 계획 짜기	시험 대비 별도 자료 준비
2주차		학부모 공개 수업 상담	듣기평가 대비	
3주차	온라인 홍보		중간고사 대비 수업	
4주차			중간고사 직전 대비	5월 행사 준비 – 가정통신문 발송

07

5월!
확실하게 눈에 띄는 공부방

5월은 중간고사가 끝나기 무섭게 월초부터 어린이날, 어버이날, 스승의 날 등과 같은 가정의 달 행사와 현장 체험 학습, 소체육대회, 학부모 공개 수업 같은 학교 행사도 많은 달이다. 이런 행사에 맞춰 이벤트를 준비해 공부방에서 특별한 관리를 하고 있다는 것을 외부적으로 알릴 필요가 있다. 특히 학교 행사와 연관하여 홍보를 어떻게 할지 고민해야 한다. 꽃샘추위까지 지나갔기 때문에 밖으로 나오는 학부모와 학생들이 많아지므로 홍보하기 좋은 시기다. 또한 행사가 많다 보니 학생들의 수업 결손이 많아지고 퇴원생이 생길 수 있는 달이다. 이로 인한 특별 관리가 필요한 시기이니만큼 꼼꼼한 관리 전략을 세워야 학생이 이탈하는 것을 줄일 수 있다.

5월은 효율적인 투자와 민첩함이 중요한 달이다. 이런저런 행사에 치여 조금이라도 방심하면 새 학기에 어렵게 모집해 안정을 찾은 공부방이 위기에 처할 수 있다. 이벤트 행사 준비는 학부모와 학생이 기억에 남도록 확실하게, 행사의 규모나 내용은 다른 공부방과 차원이 다르게 준비하는 것이 5월의 포인트다.

시험 결과 상담은 민첩하게

시험이 끝난 중학생의 경우는 시험 결과 상담이 민첩하게 이뤄져야 한다. 여러 행사에 밀려 학생들 마음만 잡으려고 하다가 정작 학부모의 마음을 놓칠 수 있다. 학교 성적표가 나오기 전에 대략 학생별 시험 결과를 확인하고 이에 대한 대책을 준비해 상담에 들어가야 한다. 첫 중간고사를 치른 학생 중에는 심한 충격을 받는 아이도 있다. 이럴 때 시험 결과에 대한 구체적인 피드백을 제공해야 마음이 흔들리는 학부모와 학생을 잡을 수 있다. 또한 상담하면서 바로 6월 말부터 시작되는 기말고사를 준비해야 한다. 기말고사는 학생마다 중간고사 결과를 분석해 다시 목표 설정을 하고 구체적인 계획을 세워야 한다.

종합소득세 신고는 현명하게

여기에 한 가지 더 신경 써야 하는 것은 바로 종합소득세 신고다. 공부방의 경우 개인과외교습자 신고만으로 운영이 가능하다. 그러나 공부방 운영 사업의 계속성, 반복성이 인정되면 사업자등록을 하고 납세의무를 이행해야 한다. 만약 공부방 개인과외교습자가 사업자등록을 하지 않는 경우에는 현금영수증 가산세와 부가가치세를 부담하게 된다. 거래 건당 10만 원 이상의 현금거래에 대해서는 소비자가 요구하지 않더라도 현금영수증을 발급하도록 규정하고 있다. 2019년 1월 1일 이후 현금영수증 발급 의무 위반행위는 거래대금의 20%에 해당하는 가산세가 부과되고, 기존 2018년 12월 31일 이전 현금영수증 발급 의무 위반행위에 대해서는 거래대금의 50%에 해당하는 과태료가 부과된다. 학파라치들의 신고도 있어 과태료 처분을 받지 않기 위해서는 교육청에 신고하고 세무서에 사업자등록을 하는 것이 좋다. 요즘은 온라인으로 쉽게 신고할 수 있지만 조금 어렵거나 절세를 해야 하는 공부방의 경우는 전문가인 세무사의 도움을 받는 것도 좋다.

종합소득세 신고 방법

장부기장에 의한 신고		추계방법에 의한 신고	
복식부기 신고대상	간편장부 신고대상	기준경비율	단순경비율
7,500만 원 이상	7,500만 원 미만	2,400만 원 이상	2,400만 원 미만
세무사를 통해 신고		개인 신고(온라인 활용)	

5월 초등 중심 공부방 기본 시스템 운영

어린이날 이벤트 진행 포인트

5월 어린이날 이벤트는 무엇을 어떻게 준비해야 할까? 대부분 기존에 해본 것들이어서 아이들이 식상해할 것 같고, 간단하게 선물이나 사서 주자니 좀 서운하고, 행사를 준비하자니 마땅한 아이디어가 떠오르지 않아 고민되는 것이 사실이다. 중요한 것은 하지 않는 것보다 하는 것이 좋다는 것이다. 다만 몇 가지 유의 사항이 있으니 체크하면서 준비하면 된다.

첫째, 이벤트 행사라고 무조건 놀고먹기 식의 시간 때우기로 진행하지 말아야 한다.

학부모는 공부를 시키려고 공부방에 보내는 것이지 놀게 하려고 보내는 것이 아니기 때문이다. 따라서 이벤트 행사에 학습적인 내용을 추가해 준비하는 것이 좋다. 예를 들어 1분 동안 영어 단어 많이 쓰기, 1분 동안 간단한 연산 문제 빨리 풀기, 그림 보고 속담이나 고사성어, 한자 성어 맞추기 등이 있다. 또는 행사 전날 아이들에게 미리 사회나 과학 상식에 관한 내용을 준비해서 나눠준 후 공부방 골든벨을 진행해도 된다. 골든벨 1, 2, 3등에게는 시상과 함께 선물을 주고 이외에 문제 설명상, 문제 도전상 등 재미있는 상 이름도 만들어서 상을 주면 더 의미가 있고 재미있는 이벤트가 된다. 간단하게 과자나 떡볶이, 피자 등을 준비해 맛있게 먹고 가면 비용은 비용대로 드는데 정작 남는 것은 없는 반면 조금 더 신경을 쓰면 다음 이벤트가 기다려지고 친구들에게 자연스럽게 자랑하는 효과가 있다.

둘째, 공부방 홍보를 위해 친구 초청 이벤트로 준비하는 것도 좋다.

공부방 아이들에게 친구를 소개하면 문화상품권을 주는 경우가 대부분이다. 하지만 이렇게 한다고 해서 아이들이 친구를 데리고 오지는 않는다. 친구를 자연스럽게 초대할 수 있도록 하려면 평소에 월마다 출석상, 숙제상, 인사상, 정리상 등 다양한 시상을 해 상을 받은 친구들은 어린이날 이벤트에 친구를 데리고 올 수 있도록 하는 방법이 있다. 이때 초대권을 예쁘게 만들어 정식 초대권처럼 코팅해서 주면 더 좋다. 이벤트 당일 친구와 한 팀으로 묶어주고 퀴즈 게임을 진행한다. 함께 공부하면 더 잘하겠다는 말을 중간중간하면 초대된 친구는 자연스럽게 '공부방에 다녀볼까?'라는 생각을 하게 된다. 친구를 데리고 오지 못한 아이들은 친구를 데리고 온 아이들이 부럽고 자신도 다음 이벤트에 꼭 친구를 데리고 오고 싶어 한다. 이를 꾸준히 진행하면 출석이나 숙제, 인사, 정리 등을 잔소리하지 않아도 되며, 학습 효과까지 볼 수 있다.

셋째, 이벤트에 대한 기대를 하게 하는 것이 중요하다.

초등 중심 공부방은 공부도 공부지만 재미 요소와 선생님과의 관계를 무시할 수가 없다. 그래서 어린이날 이벤트가 재미있을 것 같다는 기대감, 우리 공부방 선생님이 우리를 위해 무언가 신경 쓰고 고민하고 있다고 느끼게 하는 것이 필요하다. 이런 기대감과 느낌을 주기 위해서 미리 게시판에 이벤트를 알리고 상품을 한 공간에 전시해놓는다는 선생님도 있다. 상품은 요즘 다이소에 가면 아이들이 좋아할 만한 다양한 것들이 많이 있으니 저렴한 가격대에서 골고루 준비하면 된다.

넷째, 이벤트 행사를 하고 난 후 반드시 사진으로 남기고 학부모와 공유는 물론 온라인 홍보로 활용한다.

이벤트 준비에서부터 과정, 아이들이 즐거워하는 모습 등을 사진으로 찍어서 게시판에 붙여놓고 학부모들에게도 보내주는 것이 좋다. 학부모에게는 간단하게 오늘 어떻게 활동을 했으며 우리 ○○(이)가 이 활동에 정말 열심히 참여하며 즐거워했다, 앞으로도 우리 ○○(이)가 공부도 열심히 하며 재미있게 다닐 수 있는 공부방이 되도록 노력하겠다는 메시지를 담아서 보내면 학부모들이 고마워하고 좋아한다.

초대돼 온 친구에게도 꼭 메시지를 보내서 공부방에 대한 긍정적인 인상을 줘야 한다. 특히 직장모의 경우는 이런 세심한 배려에 더 신뢰하게 된다. 그리고 이벤트 사진을 모아서 블로그나 공부방 밴드, 인스타그램 같은 온라인에 올리면 공부방 홍보로 좋은 아이템이 될 수 있다.

 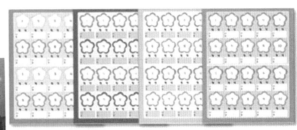

칭찬 통장 예시

3장

어버이날 이벤트 진행 포인트

다음은 어버이날 이벤트다. 어버이날 이벤트는 학교에서도 편지 쓰기나 카네이션 만들기 같은 행사를 하므로 같은 것을 공부방에서 하면 아이들에겐 귀찮은 일이 될 수 있다. 따라서 공부방에서는 부담스럽지 않은 한도에서 어머님들을 위한 간단한 선물(핸드크림, 선크림, 섬유 향수, 더치 커피, 미니 우산 등)을 준비해 카드와 함께 아이 편에 보내면 준비하는 부담은 덜고 학부모는 만족하는 이벤트가 된다. 학부모들이 감동하는 어버이날 이벤트 사례 중 하나는 칭찬 통장을 활용한 이벤트다. 평소에 칭찬 통장에 칭찬 스티커를 적립해 50개를 모으면 어버이날 학생 이름으로 부모님께 커피 쿠폰을 보내주는 것이다. 학생의 칭찬 통장 사진과 아이들의 감사 편지를 함께 보내면 학부모에게 감동적인 이벤트가 된다.

체인지 칭찬 통장

 학습 습관 체인지

1. 출석 : 포인트 10
2. 숙제 : 포인트 20
3. 독서 : 포인트 30
4 테스트
   20점 이상 향상: 포인트 20
   90점 이상 : 20
   100점 : 30 + 과제 면제 특권

- 좋은 습관은 실력을 만든다 -

스승의 날 진행 포인트

끝으로 스승의 날이다. 스승의 날은 선생님에게 편지를 쓰게 하기는 쑥스럽고, 학부모들이나 아이들이 알아서 뭐라도 해주면 고마운 날로 지나가기 마련이다. 하지만 조금만 생각을 다르게 하면 간단한 이벤트를 통해 공부방을 홍보할 기회를 만들 수 있다. 예를 들어 "우리 공부방 선생님은 나의 ○○○이다. 왜냐하면 ○○○○○이기 때문이다" 등의 문장을 작성해서 카톡이나 문자로 보내주면 선생님이 아이스크림을 선물하는 등의 간단한 이벤트를 하는 것이 좋다. 이렇게 보내준 문구를 모아서 다시 온라인 홍보에 올리면 공부방 선생님에 대한 평판이 긍정적으로 작용하는 효과가 있다.

✎ 5월 초등 중심 공부방 주차별 시스템 운영

분류	홍보	상담	수업	관리
1주차	이벤트 행사 홍보	가정의 달 이벤트 상담		어린이날 이벤트 – 어버이날 이벤트
2주차	학부모 공개 수업 홍보 – 교육 정보 자료 준비		발표수업 연습	스승의 날 이벤트
3주차	소체육대회 홍보 – 종이모자, 부채, 물티슈, 홍보물 준비		단원평가 대비	
4주차				가정통신문 발송

5월 중등 중심 공부방 기본 시스템 운영

중등 중심 공부방에서는 1학기 중간고사가 마무리되기 때문에 중간고사 결과에 대한 자료 정리와 결과 분석을 통해 학생 및 학부모 상담을 해서 내실을 다져야 한다. 또한 곧 시작되는 기말고사 대비를 위해 타이트한 공부방 전략을 세워 여러 행사로 들떠있는 학습 분위기를 다시 잡아야 한다. 중등 중심 공부방 역시 여러 행사 중 한 가지에 중심을 두고 학생들의 관심을 끌 수 있는 특별 이벤트를 진행하는 것도 필요하다. 시험이 끝난 후 영화를 보거나 스트레스도 풀게 해줄 겸 놀이공원을 데리고 가도 좋다.

중간고사 이후 관리는?

중간고사 결과에 대한 자료 정리와 결과 분석을 위해 학교 시험지 사본을 회수하고 수집하는 것이 중요하다. 학생에게 학교 시험지를 회수해 같이 문제를 풀어주고 시험에 대해 간단한 평가를 한 후 문화상품권이나 아이스크림 쿠폰 등으로 보상을 해주면 시험지도 회수하고 학생도 관리할 수 있다. 시험지를 함께 풀고 나면 그것으로 끝낼 것이 아니라 틀린 문제 오답 노트 정리를 하도록 하고 별도 성적 관리 파일을 마련해 기록하고 보관해야 상담 시 유용하게 활용할 수 있다. 성적 관리 파일을 만들 때는 학생 이름, 학교, 학년, 시험 날짜, 시험 범위, 난이도, 출제 경향, 학생 점수 등을 기록하여 체계적으로 관리해야 한다.

꼼꼼한 중간고사 결과 분석이 먼저

중간고사는 최종 성적이 아니지만 상담을 어떻게 하느냐가 학생 유지의 중요한 관건이다. 따라서 중간고사 성적이 생각보다 좋지 않은 경우는 꼼꼼한 시험 결과 분석과 대비책을 마련해 상담해야 한다. 이때 객관식과 주관식, 서술형 문제의 난이도와 점수 결과를 자세히 풀어가며 상담하면 공부방 선생님의 학생에 대한 관심과 관리에 다시 믿음을 갖고 다음 시험 결과를 기대할 수 있게 된다. 시간 조절이 잘되지 않았거나 극도의 긴장감으로 인해 노력 대비 결과가 좋지 않은 학생은 별도의 시험 대비 전략이 필요하고 이에 대한 문제를 학부모가 잘 이해할 수 있도록 설명해야 한다.

중간고사 결과 홍보 활용

시험 결과가 좋은 경우는 홍보로 활용한다. 시험 적중 문제나 유사 문제, 또는 학생이 답안으로 쓴 서술형 문제 답을 그대로 복사해 홍보 전단지에 쓴다거나, 시험을 잘 본 학생의 점수와 점수가 향상된 정도를 홍보로 활용해도 효과적이다. 이후 바로 기말고사가 있으니 이 결과로 기말고사 대비 홍보까지 같이할 수 있는 장점도 있다. 이렇게 중등 중심 공부방의 시험 결과 상담은 확실하게, 그 결과를 눈에 띄게 하는 것이 5월 공부방 운영의 핵심이라고 할 수 있다.

5월 이벤트 '영화 보기, 노래방 이벤트'

시험을 치른 중학생은 시험이 끝난 주말을 이용해 영화를 보거나 노래방에서 시험 스트레스를 풀 수 있도록 한다. 또는 공부방에서 학생들이 좋아하는 피자나 치킨 등을 나눠 먹으며 학생들의 이야기를 잘 들어주는 시간을 갖는다.

5월 중등 중심 공부방 주차별 시스템 운영

분류	홍보	상담	수업	관리
1주차		중간고사 결과 상담	중간고사 대비 문제 풀기	시험 후 영화 보기, 노래방 이벤트
2주차	중간고사 결과 홍보 – 온라인 홍보			스승의 날 이벤트
3주차	중간고사 결과 홍보 – 전단지 홍보		기말고사 진도 확인 및 준비 계획	
4주차				가정통신문 발송

운영의 성장 줄기
'상반기 월간 시스템' 수행평가

상반기는 공부방 운영에서 씨앗을 뿌려 새싹을 틔우고 공부방이 잘 뻗어나갈 수 있는 성장 동력을 만드는 기간이다. 상반기에 집중하지 않으면 하반기에 아무리 노력해도 성장하는 데 한계가 있으므로 수행평가를 통해 놓치는 부분이 없는지 체크해보도록 한다.

150

3장

월	핵심 이슈	체크포인트		보완점
12월		홍보		
		상담		
		수업		
		관리		
1월		홍보		
		상담		
		수업		
		관리		
2월		홍보		
		상담		
		수업		
		관리		

3월		홍보		
		상담		
		수업		
		관리		
4월		홍보		
		상담		
		수업		
		관리		
5월		홍보		
		상담		
		수업		
		관리		

4장

운영의 성장 줄기

하반기 월간 體IN智 시스템

01

하반기 월간 시스템으로
성장 줄기를 펼쳐라

하반기는 상반기와 마찬가지로 새 학기가 시작되고 중등은 중간, 기말고사가 다시 반복된다. 반복되기 때문에 익숙해진 일들이 많다. 따라서 상반기 때 놓쳤던 부분을 미리 체크해가면서 준비한다면 훨씬 안정적인 성장이 가능한 시기다.

학부모들이 1학기에는 학교 적응에 우선순위를 뒀지만, 2학기에는 공부 습관과 실력 향상의 변화에 주목하기 시작하므로 꼼꼼한 관리가 더 중요하다. 또한 1학기에 만족할 만한 성과를 내지 못한 경우는 더 신경 써야 한다. 하반기 성적 결과까지 만족스럽지 못하다면 다음 학년에 같은 공부방을 보내는 학부모는 흔치 않다.

상반기부터 월간 시스템으로 잘 다져진 공부방은 하반기가 수월해지고 학생들의 변화가 나타나기 시작하기 때문에 입소문이 날 수 있는 전략에 더 관심을 가지고 고민해야 한다. 입소문은 학부모들을 통해 자연스럽게 나기도 한다. 하지만 요즘 학부모들의 특성상 적극적으로 잘 알리지 않는 경우가 있으므로 입소문 전략을 구체적으로 준비해서 공부방이 성장 줄기를 제대로 펼칠 수 있도록 해야 한다.

하반기는 상반기에 비해 여름방학이 짧고 바로 중간, 기말고사가 진행되기 때문에 시스템을 운영하는 데 있어 민첩함과 적당한 융통성이 필요하다. 또한 시스템의 정착 여부가 어느 정도 판단이 되기 때문에 공부방을 운영하는 선생님 스스로 진단 기준을 잡아서 자가 진단을 해볼 필요가 있다. 그 시스템과 기준이 모여서 자신만의 브랜드 공부방을 만들어가는 초석을 다질 수 있다.

다음은 학교마다 조금씩 다르겠지만, 상반기와 마찬가지로 공통적으로 비슷하게 운영되는 학사 일정이다. 학사 일정에서 알 수 있듯이 특히 중학교 2, 3학년의 경우는 2학기 학습과 그 결과가 매우 중요하므로 빈틈없는 관리에 신경 써야 한다.

월	행사 내용
6월	중2/중3 기말고사 시작, 호국의 달 행사(각종 대회)
7월	중2/중3 기말고사 마무리, 방학식
8월	개학식
9월	듣기평가, 학교 설명회, 학부모 상담 주간, 대운동회
10월	중2/중3 중간고사, 현장 체험 학습, 독서 대회·토론 대회, 고입 입시 설명회
11월	중3 기말고사(중2는 테마 여행, 중1은 진로 탐색 대회), 자율 동아리 발표회

02
6월!
유비무환 공부방 전략

아무리 열심히 가르치고 꼼꼼하게 관리한다고 해도 내 마음과 같지 않아 공부방을 떠나는 학생이 늘 발생할 수 있다. 특히 7, 8월은 퇴원생이 가장 많이 발생하는 달이다. 이에 대한 대비를 위해 6월에 집중해야 하는 것이 바로 관리와 상담이다.

6월에 초등 중심 공부방은 겨울방학부터 1학기 동안 공부하면서 공부방을 판단하는 시기다. 학부모의 판단이 긍정적이라면 2학기도 꾸준히 공부방에 보내겠지만, 그동안의 단원평가 및 수행평가 결과가 좋지 않거나 학습 변화에 대한 관리가 소홀했다면 여름방학을 기점으로 움직일 마음을 먹고 있다.

중등은 마무리하지 못한 중간고사 시험 결과 상담을 빨리 마무리하고 기말고사 대비에 최대한 집중해야 한다. 기말고사 결과로 최종 성적표가 나오기 때문에 학부모들이 그 결과에 민감하고 결과가 좋지 않으면 다른 곳으로 이동할 확률이 높다. 따라서 학생별로 중간고사 결과 분석을 통해 성적을 향상할 방법을 고민하고 계획을 구체적으로 짜야 한다.

이렇듯 6월은 2학기에 도약을 할 수 있느냐 마느냐가 결정되는 달이다. 따라서 7, 8월에 나타날 수 있는 위기를 미리 대비할 수 있는 유비무환의 전략이 중요하다. 관리와 상담으로 한계가 있다면 적극적인 홍보로 위기를 극복할 수 있는 출구를 찾아야 한다.

6월 초등 중심 공부방 기본 시스템 운영

5월은 이벤트 행사에 초점을 뒀다면 6월은 전체적인 학부모 상담을 디테일하게 진행해야 한다. 한 학기 동안 어떤 공부를 어떻게 했는지, 학생의 과목 실력 향상이 어느 정도 됐는지, 공부 습관과 수업 시간 태도는 어떤지에 대한 상담이 필요하다.

디테일한 상담이 되려면?

디테일한 상담이 이뤄지려면 그동안의 학습 결과물 준비가 필수다. 단원 평가 결과가 눈에 띄게 좋아지지 않는 학생의 경우 학습 태도와 공부하는 양, 개념을 정리하는 습관 등 보여줄 수 있는 자료를 통해서 아이가 학습의 그릇이 만들어지고 있음을 보여줘야 한다. 그 그릇이 단단하고 크게 만들어 질 때 학습의 양과 질을 잘 담을 수 있다는 것을 강조해 학부모가 자녀에 대해 기대할 수 있도록 해야 한다.

긍정적인 소개 유도법

공부방에 다니면서 학교 시상이나 외부 대회 시상을 받게 된 학생, 영재학급에서 공부하게 된 학생이 있다면 이를 활용하는 방법은 소개다. 상담하면서 학부모에게 좋은 결과에 대해 학생을 칭찬하면서 공부방에 믿고 보내주신 결과라는 것을 표현하는 것이 좋다. 그러면서 이런 학생은 선의의 경쟁도 필요하니 좋은 친구가 있으면 함께 공부하면 어떤지 의견을 물어보면서 학부모가 긍정적으로 생각할 수 있도록 유도한다.

상담의 한계가 온다면?

상담하면서 퇴원의 징후가 보이는 학부모가 많다면 최대한 잘 마무리하고 학생이 빠질 것을 대비해 홍보를 적극적으로 해야 한다. 매주 홍보 데이를 정하고 날씨가 더워지는 시기이니만큼 부채나 손 선풍기, 물티슈 같은 홍보물을 미리 준비해 7월 방학식까지 활용할 수 있도록 만반의 준비를 하는 것이 좋다. 또한 여름방학 단기 특강 프로그램이나 무료 체험 또는 체험 학습 프로그램을 계획해 신청자를 받는다. 미리 신청하는 분에게는 수업료 할인이나 상품을 주는 홍보 전략을 세워 진행하면 방학 학생 모집이 조금 더 수월하다.

6월 이벤트 '호국 영화 보기'

6월은 나라를 위해 희생하신 분들을 기억하고 추모하는 호국보훈의 달이다. 학교마다 다르겠지만 글짓기나 포스터 그리기 대회 등을 진행하기도 한다. 공부방에서 이벤트를 진행하고자 한다면 6.25 전쟁과 관련된 영화나 호국과 관련된 영화를 보여주며 내용과 연관된 이야기를 나누는 시간을 갖는 것도 의미 있는 시간이 된다.

✎ 6월 초등 중심 공부방 주차별 시스템 운영

분류	홍보	상담	수업	관리
1주차	여름방학 특강 홍보 (아파트 게시판)	학년별 학기 상담		
2주차	종이 자석 홍보			

3주차	현수막 홍보		수행평가, 단원평가 대비	호국보훈의 달 이벤트 – 역사 관련 영화 보기
4주차	학교 앞 홍보			가정통신문 발송

6월 중등 중심 공부방 기본 시스템 운영

6월에 중등 중심 공부방은 기말고사를 빠르게 준비해야 한다. 기말고사 준비를 빠르게 진행하는 이유는 시험 보는 과목이 많고 성적표가 나오는 시험이기 때문이다. 수학이나 영어 같은 단일 과목을 지도하는 공부방이라 할지라도 국어, 사회, 과학, 역사 과목 관리에 대한 학부모의 요구가 있는 경우가 있다.

이 요구를 받아들이지 않더라도 학생들이 수학, 영어 과목뿐만 아니라 다른 과목도 공부해야 하므로 오히려 지도하는 과목 공부가 소홀해질 수 있다. 시험 대비 기간에 주요 과목 관리를 촘촘하게 하지 않으면 중간고사 성적보다 더 떨어지는 경우가 발생한다.

따라서 과목별 공부 스케줄을 전체적으로 관리하면서 주요 지도 과목의 성적 목표가 달성될 수 있도록 도와줘야 한다.

타 과목 관리 전략

하지만 기존 수업 시간으로는 주요 과목과 암기 과목을 함께 관리하기 힘들다. 따라서 주요 과목 관리는 기존 수업 시간에서 진행하고, 암기 과목은 주말 시간을 이용하는 것도 한 방법이다. 토요일 오후 1시부터 6시까지 자율학습 시간을 정해 공부방에 와서 암기 과목을 공부하도록 한다. 어떤 분들은 본인이 지도할 수도 없는데 가능할까 싶어 엄두를 내지 못하겠다고 하지만 시도해볼 만하다. 학생에게 과목을 가르치는 것이 아니라 교과서나 문제집 또는 프린트를 가져와서 스스로 공부하도록 관리만 하면 되기 때문이다. 선생님은 노트 필기한 내용이나 프린트를 보고 제대로 내용을 이해했는지 질문을 통해 체크해주면 된다. 이 정도만 관리해줘도 학생들의 시험 결과에 많은 영향을 미친다. 독서실 비용보다 저렴하게 관리 비용을 받고 학생들 간식을 준비해주면 의외로 학부모와 학생들이 적극적으로 신청하고, 스스로 공부하는 습관도 생기게 된다. 이와 같은 전략은 전 과목을 지도하지 않고 전 과목 관리가 가능한 공부방으로 입소문이 나는 비결이 될 수 있다.

학생별 맞춤 시험 대비 전략

기말고사 준비에 앞서 먼저 중간고사 평가를 바탕으로 학생별 현황 파악을 구체적으로 해야 한다. 점수별로 파악하는 것은 기본이다. 이와 더불어 시험 범위까지 진도조차 나가지 못한 학생, 시험 범위가 넓어 부담이 큰 학생, 시험 난도가 높은 학교의 학생, 개념 정리가 안 된 학생, 다양한 문제 유형 풀이가 필요한 학생 등 구체적으로 학생 상황을 파악해야 한다.

특히 요즘 서술형 평가 비중이 높아지고 한 문제당 배점 점수가 높은 문제를 출제하는 학교가 늘고 있다. 그렇기 때문에 서술형 문제에 취약한 학생들은 반드시 평소 공부하면서 개념 노트 작성이나 문제 풀이 과정을 쓰는 연습을 하도록 해야 한다. 시간 배분이 잘되지 않는 학생은 기출문제를 풀 때 시간을 재면서 풀도록 하고, 3분 이상 고민해도 해결되지 않는 어려운 문제는 오래 붙들고 있지 말도록 해야 한다. 풀 수 있는 문제를 먼저 풀도록 해 시간이 모자라 풀 수 있는 문제를 못 풀어서 점수가 안 나오는 상황은 만들지 않도록 주의를 줘야 한다.

점점 커지는 수행평가 비중

요즘 중학교 내신 성적 산출은 중간, 기말 지필 평가 각 30% + 수행평가 40%를 기본으로 한다. 수행평가 비중이 높다 보니 지필 평가에서 높은 점수를 받았더라도 수행평가를 신경 쓰지 않으면 90점대가 아닌 80점대 후반의 점수가 나오는 경우가 있다. 이때 열심히 시험 대비를 해 지필 평가에서 좋은 결과가 나왔다 하더라도 전체 점수가 만족스럽지 않으면 실망하게 된다. 수행평가 결과로 지필 평가의 노력이 헛되지 않도록 수행평가도 신경 써야 하는 상황이다.

수행평가를 평가하는 사람은 담당 교과의 선생님이다. 따라서 수행평가 계획서를 통해 이번 학기에서 어떤 유형의 수행평가를 실시할지, 어떻게 평가할지를 파악해야 한다. 학생이 수행평가에 대한 정보를 모르고 있다면 해당 학교의 홈페이지를 방문해 알아보고, 학생과 학부모에게 정보를 제공해 주면서 어떻게 준비해야 하는지 가이드를 주는 것이 필요하다.

6월 이벤트 '호국 영화 보기'

중학교 2, 3학년은 시험 대비에 만전을 기하고, 중학교 1학년의 경우 초등학생과 같이 호국 영화 보기 이벤트를 진행한다.

6월 중등 중심 공부방 주차별 시스템 운영

분류	홍보	상담	수업	관리
1주차	기말고사 대비 전략 홍보	기말고사 대비 상담	수행평가 대비	기말고사 계획 수립
2주차				주말 학습 관리 – 암기 과목 관리
3주차				
4주차	기말고사 시험 당일 – 응원 홍보 준비		서술형 집중 대비	주말 학습 관리 – 암기 과목 관리 – 가정통신문 발송

03
7월!
밑 빠진 공부방 구멍 메우기

　7월은 공부방 선생님 스스로 공부방 운영 전반에 대해 자가 점검이 필요한 시점이다. 일 년의 반을 달려왔기 때문에 중간 점검을 통해서 문제점을 발견하고 해결 방법과 대안을 찾는 것이 중요하다. 중간 점검할 때 막연하게 생각하면서 문제가 무엇인지 찾으려고 하면 잘 보이지 않을 수 있다. 매달 시행했던 홍보, 상담, 수업, 관리 시스템을 통해서 점검하는 것이 중요하다. 공부방 운영 시스템 점검을 시행했는데 제대로 진행되지 않았던 부분, 꼭 해야만 했지만 놓쳤던 부분이 무엇인지 체크해야 한다. 잘 기억나지 않는다면 앞에서 제시한 월별 주차 시스템 운영을 통해 점검하면 된다.

　매달 열심히 한 것 같지만 자세히 들여다보면 챙기지 못한 것들이 있다. 앞에 제시한 주차별 시스템 또한 완벽한 것도 아니요, 그대로 다 지키기도 어려운 것이 사실이다. 그러나 전체적으로 홍보, 상담, 수업, 관리 시스템 중에서 2달 연속해야 할 부분을 하지 않았다면 문제가 발생할 수 있다. 예를 들어 5월 이벤트 행사로 상담을 못 했고, 6월 시험 대비에 집중하느라 상담을 못 했다면 당연히 7월은 이로 인한 문제가 발생한다. 또한 매달 보냈던 가정통신문을 2달 연속 보내지 않았다면 학부모가 직접 말은 하지 않겠지만, 선생님이 예전 같지 않다고 생각하게 된다.

학습 프로세스 정착 점검

공부방 학습 프로세스 정착도 점검해야 하는 시점이다. 학습 플래너 작성하기, 개념 노트나 틀린 문제 오답 노트, 프린트 관리 등 연초에 정착하고자 하는 학습 프로세스가 잘되고 있는지 파악해 추가나 보완해야 할 부분을 고민해야 한다. 잘되고 있지 않으면 왜 정착되지 않았는지, 어떤 부분이 잘되지 않는지 그 이유를 생각해봐야 한다. 그 이유가 학생들이 잘 따라주지 않아서인지, 선생님의 관리나 의지가 부족해서인지 원인을 분석해서 다시 학습 프로세스를 정착할 수 있는 방법을 찾아야 한다.

공부방을 운영하다 보면 매달 그달이 그달 같아서 스스로 점검하지 않으면 특별한 문제를 발견하기 어렵다. 이런 이유로 구멍이 생기는 것이고 그 구멍을 메우지 못하면 어느 순간 위기가 닥치게 된다. 더워지기 시작하는 7월, 퇴원 장마에 대비하는 마음으로 공부방 우산을 준비해야 한다.

구멍 메우기는 정기적인 휴원생 관리부터

6개월간의 출석부를 정리해 그동안 발생한 휴원생 리스트를 정리해보는 시간이 필요하다. 휴원생 리스트를 정리해보면 휴원의 이유가 주로 무엇인지 파악할 수 있다. 그리고 휴원의 발생 시기가 주로 언제인지 예측 가능하다. 그런데 휴원생에게 다시 연락하는 것을 꺼리는 선생님들이 있다. 왠지 자존심이 상하는 것 같기도 하고 '연락을 해봐도 다시 들어올 것 같지 않은데 굳이 해야 할까?'라는 생각에서다. 하지만 그것은 선생님이 가지고 있는 편견이나 오해일 수 있다. 그리고 다시 공부방에 보낼지 보내지 않을지는 학부모가 판단할 일이다. 미리 보내지 않을 것으로 예측하고 관리를 하지 않으면 학부모가 보내지 않을 확률은 더 높아진다. 따라서 휴원생에 대한 감정적인 선입견을 배제하고 지속적인 관리를 하는 것이 공부방 구멍을 메우는 첫 단계다.

1차 관리는 휴원생 리스트를 바탕으로 간단한 인사와 함께 안부를 묻는 문자를 보낸다. 2차 관리는 학부모 간담회 초청이나 월별 이벤트 초청 문자를 보내 교육 정보를 공유하고 학생 얼굴을 다시 볼 수 있는 기회를 만든다. 3차 관리는 방학 특강 정보를 주고 휴원생 재등록 시 혜택을 제시하는 내용을 보낸다. 이렇게 구체적인 계획을 세우고 꾸준히 휴원생을 관리하면 그중 10~20%라도 다시 돌아올 가능성이 있다. 큰 효과가 없다고 생각할지 모르겠지만, 이 숫자가 잘 쌓일 때 관리 노하우의 구멍이 메워진다.

1등 시스템 공부방 휴원생 관리 리스트								
이름	학교 학년	연락처	등록일 휴회일	후회 사유	1차	2차	3차	결과

7월 초등 중심 공부방 기본 시스템 운영

시스템 점검이 됐다면 7월에 신경 써야 하는 것은 바로 홍보와 단기 휴원 예상 학생 상담이다. 7월 방학식을 대비해 홍보를 어떻게 할 것인지 전략을 짜야 하고, 단기 휴원 예상 리스트를 만들어서 집중적으로 상담해 그만두는 학생을 최소화하거나 보강 계획을 안내해야 한다. 그리고 그동안 지속적으로 공부방을 알리는 홍보를 했다면 7월은 단기 방학 특강 홍보나 무료 체험 수업 이벤트 홍보를 해보는 것도 좋다.

무료 체험 수업 이벤트

무료 체험 수업 이벤트를 활용해 신규 회원을 모집할 때 일시적으로 무료 체험 수업 홍보를 하면 문의 전화가 오는 경우도 있지만 그렇지 않은 경우도 있다. 그런 경우 실망하지 말고 이벤트 대상을 한정 지어 생각하는 방법도 있다. 예를 들어 상담을 받고 갔는데 등록하지 않았던 학생이나 여러 이유로 퇴원했던 학생, 학부모에게 소개받고 싶은 학생을 집중적으로 상담해 수업을 받아보게 하는 것이다.

무료 체험 수업 상담법

무료 체험 수업 기간은 지도하는 과목에 따라 다를 수 있다. 논술 수업의 경우 주 1, 2회가 될 수 있고, 영어 수업의 경우 기존 아이들에게 호응이 좋은 수업을 선택해 3일 정도 해보는 것이 좋다. 수학의 경우는 새로운 진도를 나가는 수업보다 그동안 배운 내용 중 어려웠던 단원을 정해서 3일 정도 진행한다. 3일 정도 진행하면서 학생의 성향이나 학습 태도, 학습 능력 등을 꼼꼼히 체크해 1차 학부모 상담을 진행한다. 1차 상담에서 학부모의 반응이 긍정적이면 1주일 무료 체험 수업으로 연장하고 공부방 등록 시 수업료 10% 할인 혜택을 제시하면 공부방에 등록하는 결정을 빨리할 수 있으므로 시도할 만하다.

무료 체험 수업을 진행하면서 학생과의 친분을 쌓는 것도 중요하다. 그리고 이전의 학습 형태는 어떠했는지, 무엇이 힘들고 어려웠는지 대화를 통해 알아보고 이를 해소하는 방법을 학생에게 제시해주는 것이 필요하다.

공부방 자체 평가 실시

끝으로 초등의 경우 학교에서 학기말 시험을 치르지 않아 자녀의 수준이 어느 정도 되는지 궁금해하는 학부모들이 많다. 한 학기를 마무리하면서 공부방 자체 평가를 진행하고 평가 결과 분석을 통해 방학 수업 상담을 진행하는 것이 좋다. 시험지 자체 제작이 어렵고 공신력 있는 평가를 하고 싶다면 한국교육평가센터(http://kcee.kr)를 활용하는 방법이 있다. 초, 중등까지 평가할 수 있고, 약간의 사용료를 지불하면 전국 수준을 확인할 수 있다.

7월 이벤트 '책거리'

한 학기가 끝나는 7월이다. 방학식에 학생들이 학교에서 1학기 동안 배운 교과서를 가져오고, 공부방에서도 배우던 교재가 끝나갈 것이다. 책거리 이벤트는 간단한 먹을거리를 준비해서 한 학기 동안 공부하느라 애쓴 학생들을 격려하는 시간으로 진행하면 된다. 먹고 이야기하는 이벤트로 한 학기를 마무리하기보다는 책거리 이벤트이니만큼 책거리의 유래와 의미를 알려주며 송편을 준비해도 좋다.

✎ 7월 초등 중심 공부방 주차별 시스템 운영

분류	홍보	상담	수업	관리
1주차	무료 체험 수업 홍보	휴원 예상 상담		방학 특강 안내문 발송
2주차			방학 특강 준비	
3주차	방학식 홍보 준비		1학기 마무리 수업	
4주차	방학식 홍보	방학 특강 상담	1학기 마무리 시험	책거리 이벤트 – 가정통신문 발송

7월 중등 중심 공부방 기본 시스템 운영

시험을 치른 중학생은 중간고사 이후 관리와 마찬가지로 시험 결과 분석 및 상담 자료 정리가 필수다. 또한 시험 결과에 대한 상담이 반드시 이뤄져야 하고 시험 결과에 따라 방학 학습을 어디에 중점을 두고 진행할 것인지 같이 상담이 이뤄져야 한다. 학생들의 시험 결과가 좋으면 홍보 자료로 활용하고, 성적 우수 학생이나 성적 향상 학생을 시상하는 것도 챙겨야 하는 일 중 하나다.

학원으로 갈아타는 전교 1등의 배신

시험 성적 결과가 아주 좋게 나왔음에도 불구하고 오히려 속상함을 넘어 배신감까지 느낀다는 선생님의 이야기를 들은 적이 있다. 전교 1등을 하고 나니 아이와 경쟁할 만한 학생이 있는 큰 학원으로 가서 공부하는 것이 좋을 것 같다고 이야기를 하더라는 것이다. 선생님 덕분에 학생의 실력이 좋아졌다며 고마워했지만 결국 학원으로 옮긴다는 말을 듣고 잠이 오지 않을 정도로 속상했다고 한다. "성적도 적당히 올려줘야지 많이 올려주니까 다들 자기 아이가 열심히 해서 올라간 줄 아는 거 같아요. 너무 자존심도 상하고 기분 나빠서 붙잡고 싶은 마음도 안 생기더라고요. 그래서 그러시라고 했는데 지나고 나니 이럴 때는 어떻게 해야 하나, 정말 그냥 학원으로 보내는 것이 맞나 싶어요."

이 선생님뿐만 아니라 누구라도 겪을 수 있는 상황이다. 이런 경우 학생을 학원으로 보내더라도 상담은 끝까지 성실하게 해줘야 한다. 학생이 그동안 어떻게 공부해서 어떤 부분이 변했고, 그로 인해 실력 향상이 됐음을 다시 한번 짚어줘야 한다. 또한 "공부하면서 힘들어했던 부분은 이런 부분이었으니 학원에 가더라도 꼭 신경 쓰셔야 한다. 공부방에서의 학습 방식과 학원의 학습 방식이 달라서 적응이 어려울 수 있다. 그때 부담 갖지 마시고 연락해 주시면 도움을 드릴 수 있는 부분은 말씀드리겠다"는 내용의 상담으로 마무리 짓는 것이 좋다.

공부방에서 진짜 실력이 만들어졌다면 학원에서 오히려 어디서 공부하다 왔느냐고 되묻는다. 그것이 이미 학원의 가슴을 떨리게 하는 경쟁력이다. 그러니 배신감이 아니라 자신감과 당당함을 가져야 한다.

여름방학 학습 관리

여름방학은 너무 더운 날씨로 지치기도 하고 여름휴가를 빼면 실제 학습일이 더 짧기 때문에 긴장감이 많이 떨어진다. 따라서 적당한 부담감을 줘 2학기 학습 준비를 할 수 있는 분위기를 형성하는 것이 무척 중요하다. 여름방학 특강은 단기간 쉽게 접근하고 마무리할 수 있는 프로그램을 준비하는 것이 좋다. 영단어 300개 정복하기, 수학 서술형 완전 정복 100선, 2학기 개념 싹쓸이, 여름방학 숙제 공부방에서 해결하기 등 단기 특강을 통해 성취감을 맛볼 수 있도록 해 학습 동기를 부여하는 것이 필요하다. 중학교 1학년의 경우 시험을 보지 않는 학교는 한국교육평가센터(http://kcee.kr)를 통해 공부방 자체 평가를 시행해볼 만하다. 시행 후 학부모에게는 결과 상담을 통해 여름방학 학습 관리의 중요성을 인식시켜 휴가로 인한 단기 휴강을 예방하고, 학생에게는 2학기 학습의 중요성을 부각해 공부 분위기를 잡아야 한다.

7월 이벤트 '책거리'

초등 공부방과 마찬가지로 책거리 이벤트를 진행한다.

책거리 유래와 의미

책거리는 책례 또는 책씻이라고도 하며, 아이가 서당에서 책 한 권을 다 읽어 뗐을 때 행하던 의례로 스승에게 감사하고 친구들과 함께 자축하는 일을 말한다. 이때 준비하는 축하 음식으로는 국수장국, 송편, 경단 등이 있다. 특히 송편은 깨나 팥·콩 등으로 만든 소를 꽉 채운 떡인데 학문도 그렇게 꽉 채우라는 바람을 담았으며, 주로 오색송편이나 꽃떡을 빚었다. 책례는 학동의 학업 성취를 독려하는 의미도 있지만, 선생님의 노고에 답례하는 뜻도 담겨있다.

 ## 7월 중등 중심 공부방 주차별 시스템 운영

분류	홍보	상담	수업	관리
1주차	방학 특강 홍보	기말고사 결과 상담	기말고사 대비 문제 풀기	방학 특강 안내문 발송
2주차		휴원 예상 상담	방학 특강 준비	
3주차	방학식 홍보 준비	방학 특강 상담	1학기 마무리 수업	
4주차	방학식 홍보		1학기 마무리 시험	책거리 이벤트 – 가정통신문 발송

04
8월!
휴가 반납이냐 재충전 휴식이냐

8월 첫 시작부터 많은 학부모가 휴가를 알려온다. 이때 공부방 휴가도 함께하는 곳이 있고, 그렇지 않은 곳도 있어 고민이 많이 될 것이다. 그중 학생 수가 많은 곳은 공부방 휴가를 내기보다 기존대로 유지하는 것이 낫다. 휴가 보강을 다 채우기가 쉽지 않고 특강까지 진행하는 경우 밀리는 진도를 감당하기 어렵기 때문이다.

재충전의 시간

여름방학 휴가는 학생이나 선생님에게 일 년 중 꼭 필요한 시간이다. 공부도 중요하지만 며칠 정도 공부에서 벗어나 평소에 하고 싶었던 일들을 해볼 수 있는 시간을 줘야 자신이 무엇을 좋아하는지에 대한 생각도 하게 된다. 공부방 상황에 따라 적당한 시기를 정해 학생과 선생님이 모두 재충전할 수 있는 시간을 갖는 것이 또 따른 공부방 투자임을 잊지 말아야 한다.

중학생의 경우 다시 중간고사, 기말고사가 연이어 있기 때문에 체력 보강이 돼야 2학기를 탄탄히 보낼 수 있다. 그러므로 여름방학을 마치고 개학하는 주에 목, 금, 토, 일, 월요일이나 금, 토, 일, 월, 화요일처럼 주말을 끼워 5일 정도 공부방 방학을 미리 공지해 재충전의 시간을 갖는 것도 좋다. 학생들은 짧은 방학이 아쉬웠는데 공부방 방학이 있으니 좋아할 것이고, 여름휴가 동안 여행을 다녀오지 못한 학부모들은 이 시간을 활용할 수 있어 큰 문제가 되지 않는다.

여름방학 체험 학습 진행

학생 수가 많지 않은 공부방은 여름방학 체험 학습을 진행해 공부방 학생의 만족도를 높이고 동시에 이를 활용, 홍보를 해보는 방법이 있다. 대부분 학교 숙제로 체험 학습 보고서 쓰기가 포함돼있기 때문에 방학 숙제를 해결해주는 일석이조의 효과가 있다. 수행평가와 연계되는 과목도 있으므로 학생을 통해 방학 숙제를 확인하고 진행하는 것이 효과적이다.

8월 초등 중심 공부방 기본 시스템 운영

초등 중심 공부방에서는 7월 무료 체험 수업을 통해 신규 학생이 모집됐다면 신규 학생이 공부방에 잘 적응할 수 있도록 신경을 써야 한다. 학기 중간에 들어온 학생이기 때문에 기존에 다니던 학생들과 잘 어울리는지, 공부하는 방식에서 힘든 점은 없는지 체크하고 두 달 동안 2주마다 학부모에게 학생의 적응 정도를 피드백해주는 것이 좋다. 학부모와 상담을 하면서 아이가 공부방에서 힘들다고 한 점은 없는지 파악한다. 이러한 지속적인 관심을 통해 3개월 안에 안정적으로 공부방에 적응할 수 있도록 도와줘야 한다.

방학 체험 학습 운영

방학 체험 학습 운영은 공부방 휴가 기간을 이용해 미리 계획을 짜고 학부모에게 공지한 뒤 광복절이 들어있는 주에 진행하는 것이 좋다. 공부방에서 진행하는 체험 학습에 참여하지 못하는 학생이 있을 수 있으므로 안내문을 통해 미리 여름방학 체험 학습 장소로 가볼 만한 곳을 정리해 보내주면 학부모 입장에서 좋은 정보가 될 수 있다. 방학 체험 학습을 처음 진행한다면 함께 가고 싶은 친구를 추천하도록 해 공부방 홍보가 될 수 있도록 한다. 체험 학습을 진행하는 선생님은 하루 날 잡아서 한 번에 끝내고 싶은 생각도 있겠지만 전 학년을 모두 데리고 가는 것보다 저학년과 고학년을 나눠 진행하는 것이 좋다. 체험 활동 주제는 저학년은 도자기 만들기, 곤충 체험, 유리공예 등 놀이와 함께할 수 있는 체험 중심으로 가는 것이 좋다. 고학년은 교과와 연계된 우리 전통문화, 역사의 발자취, 기초 과학의 원리나 경제 원리를 체험할 수 있는 곳이 추후 학습 효과가 좋다.

체험 학습 운영의 실제

체험할 장소는 지역별 체험 학습 전문 업체 홈페이지에 들어가면 자세히 나와 있어 쉽게 정할 수 있다. 가정통신문에 체험 장소, 일정, 비용, 신청 여부 등을 공지해 신청서를 받고 진행한다. 안내문에는 여름방학 숙제를 공부방에서 해결할 좋은 기회니 많이 신청하라는 문구를 넣어 관심을 유도하면 참여도를 높일 수 있다. 체험 당일에는 선생님이 학생들의 행동 하나하나를 간섭하기보다 스스로 할 수 있도록 사전 안내를 한다. 입장권 구입, 안내 책자 구하기, 관람 및 체험 코스 설정 등을 학생들이 할 수 있도록 유도하고 체험 활동 중심에서 벗어나는 행동만 관리하도록 한다. 박물관으로 간 경우는 몇 가지 미션을 주고 사진 찍기, 자료 조사하기 등을 시행하면 아이들이 적극적으로 참여한다. 체험 시간은 아이들이 지치지 않도록 한 시간마다 쉬는 시간을 주고 3시간 이내로 마무리될 수 있도록 하는 것이 좋다. 힘든 체험 학습은 다음 체험 학습 참여도를 떨어뜨리기 때문이다.

체험 학습 마무리는 보고서 작성으로 한다. 체험 학습 보고서 양식을 미리 출력해 체험이 끝나면 나눠주고 정리하도록 한다. 초등학교 저학년의 경우 가위나 풀, 색연필도 미리 준비해 그림이나 사진을 보고서에 활용하도록 한다. 시간이 된다면 작성한 내용과 체험 학습에서 느낀 점 등을 짧게 발표하는 시간을 가진다. 선생님은 이 모습을 사진으로 찍어서 학부모에게 보내주면 학부모의 체험 학습의 만족도가 높아진다.

교외 체험 학습 승인 요청서

결재	담 임	교 무	교 감	교 장

학생명 (학년/반)	(학년 반 번)	보호자명	
목적 및 계획			
장 소 (국 가)			
기 간	20 년 월 일 ~ 20 년 월 일(일간)		
동반자	성함: (연락처: 관계:)		
	성함: (연락처: 관계:)		

    교외 체험 학습 규정에 의거 학습 기간 중 성실히 체험 학습에 임하며 제반 규정을 준수하고 만약의 경우 야기되는 제반 사항에 대하여 본인이 책임질 것을 보호자 서명으로 서약하며, 위와 같이 교외 체험 학습을 신청하오니 허락하여 주시기 바랍니다.

20 년 월 일

신청인(보호자) (인)

○○초등학교장 귀하

<서식> 2

교외 체험 학습 보고서

결재	담임	교무	교감	교장

학습자	학년 반 번	성 명	
학습일시	20 년 월 일 ~ 20 년 월 일(일간)		
목 적			
장 소			
동반자			
체험 교육 내용			
※ 체험 학습 보고서 내용이 많을 경우 별지에 계속 작성 ※ 첨부 사진 등은 별지 첨부			
느낀점			

1등 시스템 공부방 체험 학습 보고서

학년   반   번

이름:

사진붙이는 곳
7cm x 7cm

❀ 주제

❀ 일시

❀ 장소

❀ 준비물

❀ 함께 간 사람

❀ 체험내용

❀ 느낀점

사진붙이는 곳
7cm x 7cm

사진붙이는 곳
7cm x 7cm

사진붙이는 곳
7cm x 7cm

✎ 8월 초등 중심 공부방 주차별 시스템 운영

분류	홍보	상담	수업	관리
1주차	체험 학습 홍보	신규 학생 상담	1학기 보충 학습	체험 학습 안내문 발송
2주차		체험 학습 상담		체험 학습 진행
3주차	개학식 홍보 준비		2학기 준비 학습	
4주차	개학식 홍보			가정통신문 발송

8월 중등 중심 공부방 기본 시스템 운영

여름방학 때 중학생들과 학부모들이 공통적으로 갖는 관심사가 있다. 바로 진로와 진학에 관한 부분이다. 중학교 1학년 학생은 자유학년제를 경험해보면서 자신이 무엇에 관심이 있고 무엇을 좋아하는지에 대한 고민을 진지하게 하게 되고, 중학교 2학년 학생은 시험 성적을 보며 고등학교 진학을 생각하게 된다. 중학교 3학년 같은 경우는 이미 고등 입시를 코앞에 두고 있기 때문에 진로와 진학에 대한 고민은 더 크다.

진로 진학 정보 제공

방학 동안 학생과 학부모에게 진로와 진학에 대한 정보를 주는 것이 많은 도움이 된다. 학기 중에는 쉽게 나누지 못하는 부분이니 지인을 통해 외부 강사를 초빙해 학부모 설명회를 진행하면 학부모들이 관심을 보인다. 이것이 여의찮으면 대학교 탐방 체험을 진행하거나 방학에 진행하는 외부 진로 캠프에 대한 정보를 안내해주는 것도 좋다.

평소 진로·진학에 대한 관심이 있고 공부를 하신 선생님이라면 교육부에서 제공하는 커리어넷(www.career.go.kr)에 들어가 자료를 출력해 학생들과 이야기를 나눠보는 시간을 가져보는 것도 의미가 있다. 간단히 적성 검사도 해볼 수 있으니 해볼 것을 권유하고 솔직한 이야기를 나누다 보면 학생은 선생님께 고마움을 느끼며 진로 고민을 함께 나눌 수 있다.

각 교육청에서 운영하는 진학 진로 정보센터도 함께 활용하면 좋다. 고교 진학 정보, 대학 진학 정보가 지역에 따라 상세히 제공되고 학업 성적 분석 시스템을 갖추고 있는 곳들이 있으니 이런 기관을 적절히 활용해 상담하면 전문적인 관리를 할 수 있다.

여름방학 숙제 관리

중학교 여름방학 숙제는 앞서 언급한 것처럼 수행평가와 연계되는 경우가 많다. 다음은 어느 중학교의 학년별 여름방학 숙제다.

1학년

국어

1. 『시가 내게로 왔다 1』(김용택)
2. 『가난하다고 꿈조차 가난할 수는 없다』(김현근)
위 책 2권 읽고 독서 종합장 p57~65까지 기록하기

사회

『먼 나라 이웃 나라』 읽어 보기

수학

단원평가 문제(1학기) 풀이해오기(A4용지 사용)

과학

과학 관련 도서 읽기(『인체기행』, 『경이로운 사람의 몸』, 『꼬불꼬불 인체여행』 등)

영어

p.240~243 새로운 단어 필기체로 1번씩, 또는 인쇄체로 5번씩 쓰고 뜻 1번 쓰기

2학년

국어

1. 독서고사 출제 도서 읽기(5권, 수행평가)
2. 독서 종합장 기록(우수 기록장 시상)

수학

단원평가 문제(1학기) 풀이해오기(A4용지 사용)

과학

과학 탐구보고서 작성하기(2학기 수행평가 반영, A4 2~3장, 자필, 그림 포함)

영어

p.241~245 새로운 단어 10번 쓰고 뜻 1번 적고 외우기

3학년

국어

1. 독서고사 출제 도서 읽기(5권, 수행평가)
2. 독서 종합장 기록(우수 기록장 시상)

수학

단원평가 문제(1학기) 풀이해오기(A4용지 사용)

과학

과학 도서 읽기

영어

1과~7과 새로운 단어 5번씩 쓰고 외우기

살펴본 것처럼 과목마다 수행평가가 연계되는 과목이 있다. 학생들의 여름방학 숙제를 확인해 지도하는 교과목과 연계되는 부분이 있다면 수행평가까지 관심을 두는 것도 공부방 학습 관리의 전략이다.

8월 이벤트 '수영장 가기'

중등은 초등보다 여름방학 학습 부담감이 있는 상태이기 때문에 짧은 여름방학에 어딘가를 다녀오기가 쉽지 않을 수 있다. 초등은 체험 학습으로 이벤트를 대신한다면 중등은 개학 전 친구들과 수영장이나 물놀이 시설을 다녀오는 것으로 이벤트를 준비해도 좋다. 더위로 지쳐가는 학생들에게 스트레스가 해소될 수 있는 시간이 될 것이다.

✎ 8월 중등 중심 공부방 주차별 시스템 운영

분류	홍보	상담	수업	관리
1주차		진로·진학 상담	1학기 보충 학습	방학 숙제 확인
2주차				
3주차	개학식 홍보 준비		2학기 준비 학습	수영장 이벤트
4주차	개학식 홍보			가정통신문 발송

05
9월!
공부방 역전을 위한 보석 찾기

여름방학이 끝나고 2학기가 시작되는 9월, 추석 명절과 중간고사 대비를 해야 하는 시기가 왔다. 짧은 방학도 잠시 다시 눈코 뜰 사이 없는 시즌이 밀려오기 시작한다.

게다가 2학기는 1학기보다 배우는 내용의 난도가 높아져 1학기에는 잘 따라오던 학생들도 2학기 공부가 시작되면서 진도를 따라오기 힘들어하는 학생이 생기기 시작한다. 방학 중에 간단히 개념을 짚어줄 때는 잘 드러나지 않다가 응용문제 풀이로 들어가면서 어려워하는 학생들이 눈에 띄기 시작하는 것이다. 공부의 저력이 있는 학생들과 그렇지 못한 학생이 서서히 드러나기 시작하고, 학생들 사이에도 실력의 차이가 나기 시작한다.

공부방 간판 학생은 누구?

이제 2학기는 공부방 간판 학생을 만드는 전략을 통해 공부방 역전 전략이 필요하다. 자연스럽게 공부방 입소문이 될 수 있는 학생을 전략적으로 키울 필요가 있다. 그러기 위해서는 무엇보다 단원평가, 수행평가, 중간·기말고사 등 평가에 철저하게 대비해야 한다. 입소문이 긍정적으로 나는 학생이 있지만 그렇지 않은 학생이 있을 수도 있다. 학습에 무기력을 보이는 아이, 이해력이 부족한 아이, 산만한 아이, 다른 친구와 문제를 일으키는 아이들 등이 있다. 그런 아이들이 있다면 당연히 걱정하는 학부모들이 있기 마련이다.

하지만 이런 아이들에게도 공부방 선생님이 정성을 보인다면 입소문이 날 수 있는 아이들로 거듭날 수 있다.

가망 고객 리스트 관리로 숨은 보석 찾기

상반기를 마무리하면서 휴원생 리스트를 정리했다면 하반기 시작은 그동안 쌓여있던 가망 고객 리스트를 정리해야 한다. 가망 고객 리스트란 그동안 문의 전화가 왔던 명단이나 상담을 받고 갔으나 등록하지 않은 고객 리스트다. 이 가망 고객 리스트 관리는 7, 8월 기말고사와 짧은 방학으로 홍보를 제대로 하지 못한 공부방에서 학생 모집이 안 됐을 경우 활용하면 숨은 보석 같은 학생을 찾을 수 있다.

가망 고객 리스트 상담은 휴원생 리스트 관리 방법과 유사하게 진행하면 된다. 1차 관리는 가망 고객 리스트를 바탕으로 간단한 인사와 함께 안부를 묻는 문자를 보낸다. 2차 관리는 학부모 간담회 초청이나 월별 이벤트 초청 문자를 보내 교육 정보를 공유하고 학생 얼굴을 볼 수 있는 기회를 만든다. 3차 관리는 간단한 공부방 커리큘럼과 공부방 학생들의 학습 결과물 사례와 함께 신학기 신규 회원 등록 시 혜택을 제시하는 내용을 보낸다.

가망 고객 리스트 관리 역시 등록 확률은 10%~20%다. 중요한 것은 몇 명이 오느냐가 아니라 어떤 학생이 오느냐다. 이 가망 고객 리스트 안에 숨은 보석이 있다는 마음으로 관리해야 한다. 보석 찾기를 잘하기 위해서는 전화 상담이나 방문 상담 시 정보를 잘 파악해 꼼꼼히 정리해두는 것이 중요하다.

1등 시스템 공부방 가망 고객 리스트								
이름	학교 학년	연락처	상담일	상담 내용	1차	2차	3차	결과

9월 초등 중심 공부방 기본 시스템 운영

　학생들의 변화를 통해 공부방 운영의 보람을 느끼시는 분이라면 관심을 가지고 고민하는 부분은 학생들의 학습 문제다. 아이가 지닌 학습 문제를 파악하기 위해서는 선생님이 자세히 관찰해보고 그 원인이 무엇일까를 생각해봐야 한다. 그리고 공부방에서 조금이라도 도움이 되는 방법을 찾아 아이와 함께 시도해보면서 개선해보려는 노력이 필요하다. 물론 선생님들이 할 수 있는 것이 한계가 있을 수 있다. 하지만 분명한 것은 선생님의 노력으로 달라지는 아이가 있다는 것이다. 공부방에서 종종 볼 수 있는 아이들이 지닌 학습 문제 유형은 다음과 같다.

학습 무기력을 보이는 아이

지도하면서 가장 안타깝고 답답한 아이가 바로 학습에 무기력을 보이는 아이이다. 선생님이 의지를 가지고 가르치려 해도 아이가 "저 원래 못해요, 해도 소용없어요, 공부하기 싫어요"라는 반응을 지속적으로 보이면서 시간만 보내다가 가는 아이들이 있다. 이런 아이들은 결국 학부모에게 미안해서 아이를 지도하는 것이 힘들겠다고 이야기해야 하나 고민을 하게 된다.

하지만 아이가 공부에 무기력한 모습을 보이는 이유가 공부를 싫어하거나 나태해서가 아닌 경우도 적지 않다. 아이 수준에 맞지 않는 과제가 계속 부여되고 문제를 해결하는 성공 경험이 거의 없기 때문일 수도 있다. 문제 해결에서 실패와 좌절감을 맛보게 되고 이것이 반복, 지속되면 더 이상 도전하지 않고 학습 무기력에 빠지게 되는 것이다.

이런 아이에게는 아이 수준에 맞는 과제를 제시해주고 자신도 할 수 있다는 자신감을 심어주는 것이 가장 중요하다. 그리고 정답이라는 결과가 아니라 문제를 해결해보려는 시도 자체를 칭찬해야 한다. 그러므로 공부방에서 다양한 난이도의 문제를 많이 푸는 것보다는 쉬운 문제를 풀어보도록 하는 것이 좋다. 그러고 나서 선생님에게 어떻게 풀었는지 설명해볼 수 있도록 하면 말이 없는 소극적인 아이도 조금씩 표현이 늘어가고 자신감이 생기는 모습을 볼 수 있다.

이해력이 부족한 아이

선생님이 몇 번을 설명해줘도 원점에 있는 아이가 있다. 이해력이 부족한 학생에게 같은 설명을 반복하다 보면 선생님이 먼저 지쳐서 그냥 넘어가는 일이 빈번하게 된다. 이해력이 부족한 학생은 읽기를 어려워하고 어휘력이 부족해 내용 자체에 대한 이해를 힘들어한다. 그래서 아무리 문제를 읽어봐도 무엇을 묻는 문제인지 문제의 의도를 파악하지 못하기 때문에 선생님이 설명을 반복해도 소용이 없는 것이다.

이해력이 부족한 아이에게는 무조건적인 설명보다는 읽기 능력을 키워주는 것이 필요하다. 특히 저학년의 경우 선생님이 문제를 읽어주면서 풀어주는 경우가 있는데 조금 늦더라도 스스로 문제를 읽고 이해해 풀도록 해야 한다. 읽기 능력 향상을 위해 가장 많이 활용하는 방법은 소리 내어 읽기다. 눈으로 읽는 경우 읽기 집중력이 떨어지고 글자 자체만 읽는 경우가 많기 때문에 문맥 단위로 끊어서 소리 내어 읽도록 연습해야 한다.

한 가지 덧붙여 말하면 이해력이 부족한 아이에게는 선생님의 같은 방식 설명은 효과가 없다. 개념을 설명할 때 말로 설명하는 방법이 안 되면 그림을 그려서 설명하거나 다른 상황에 빗대어 설명하는 등 다른 방법으로 접근해서 설명해야 할 필요가 있다. 같은 방식의 무한 반복 설명은 아이도 선생님도 지치게 만든다는 사실을 잊어서는 안 된다.

집중력이 떨어지고 산만한 아이

공부방에서 아이를 지도하기 어려운 유형 중의 하나가 바로 집중력이 떨어지고 산만한 아이다. 요즘은 주의력 결핍, 과잉 행동 장애로 보이는 아이도 종종 있기 때문에 이런 아이와 학습하게 되면 많은 고민이 되는 것이 사실이다. 산만함이 심한 아이는 주변 아이에게도 방해되기 때문에 선생님의 지도 요령이 필요하다.

우선 산만한 아이는 의자에 앉아 있는 자세나 글씨가 바르지 않은 경우가 대부분이다. 그래서 공부방에 온 아이는 의자에 바르게 앉아서 공부하는 것부터 지도해야 한다. 허리를 곧게 펴고 엉덩이를 의자 뒤에 붙이도록 하며 특히 발바닥을 바닥에서 떨어지지 않도록 하는 것이 좋다. 또한 문제 풀이 시간을 무작정 주는 것이 아니라 5분 이내의 짧은 시간을 줘 조금이라도 집중할 수 있도록 해야 한다. 그리고 선생님의 눈 안에 관찰이 잘될 수 있도록 선생님 옆에서 공부할 수 있게 자리를 배치하는 것도 필요하다.

다른 아이들과 갈등을 일으키는 아이

공부방에서 다른 아이들과 갈등을 일으키는 아이는 대개 짜증을 자주 내는 아이이거나 자기중심적인 성향이 강한 아이들이다. 이런 아이들을 제대로 관리하지 못하는 경우 주변 아이들의 불만으로 이어진다. 또한 다른 아이들과 갈등으로 정서적인 불안감을 조성하고 자신과 다른 아이들의 학습 집중력을 떨어뜨린다. 공부방에 보내는 학부모 역시 선생님이 아무리 잘 가르친다 해도 다른 공부방으로 옮겨야 하는 것은 아닌가 하는 고민을 하게 된다. 그래서 아이들끼리 갈등이 일어나지 않도록 선생님의 적절한 역할이 필요하다.

무작정 야단을 치기보다는 갈등의 원인을 빨리 해결해주는 것이 필요하다. 아이들이 갈등을 일으키는 원인은 사소한 부분이 많기 때문에 의외로 쉽게 해결이 되는 경우가 많다. 또한 갈등이 선생님의 불공평한 태도로 인해 발생하는 경우도 있으므로 유의해야 한다.

9월 이벤트 '추석이 좋아요'

추석은 예로부터 풍요로움의 상징인 명절이다. 집마다 명절을 보내는 모습이 다르므로 추석 명절에 대해 알아보는 이벤트는 학습적인 면으로도 도움이 많이 된다. 간단한 추석 활동지를 만들어 아이들과 추석에 대해 알아보고 색깔별로 송편을 준비해 나눠 먹는 시간을 마련한다.

✎ 9월 초등 중심 공부방 주차별 시스템 운영

분류	홍보	상담	수업	관리
1주차	여름방학 체험 학습 활동 홍보(온라인)	문제 학생 상담	수준별 교재 준비	
2주차	2학기 신규 학생 모집 홍보		수준별 수업	
3주차	체육대회 홍보		수행평가 대비 단원평가 대비	추석 명절 이벤트
4주차		추석 명절 보강 상담		가정통신문 발송

9월 중등 중심 공부방 기본 시스템 운영

1학기가 지나면 중학생의 실력이 어느 정도 가늠이 된다. 그중 선생님의 수업을 잘 따라오고 공부에 의욕을 가지고 열심히 하는 학생이 있다면 고입까지 어떻게 끌고 갈 것인가 고민할 필요가 있다. 그 학생이 공부방의 역전을 가져다줄 숨은 보석이기 때문이다.

반면에 2학기가 되면서 조금씩 반항적인 모습을 보이기 시작하는 학생들도 있다. 선생님과 친해지기도 했지만 편해진 만큼 예의 없는 행동을 하고 말을 툭툭 내뱉기도 한다. 수업 시간에 딴생각하고 있는 경우가 많고 질문도 많이 줄어든 모습이 보인다. 또한 외모에 대한 관심이 급격히 높아지고 공부 시간임에도 불구하고 휴대폰을 손에서 놓지 않는 학생들이 있다. 지각과 결석이 잦아지는 학생, 학부모와 갈등이 심한 학생 등 선생님이 다루기 힘든 학생들이 서서히 드러나기 시작한다. 이런 학생들에게 몇 번의 주의나 경고를 해도 달라지지 않는 모습을 보게 되고 심지어 선생님의 감정을 상하게 하는 학생이 있어 고민이 될 수도 있다.

문제 학생 관리하기

하지만 이런 중학생들도 학생을 다루는 기본은 초등학생들과 아주 다르지 않다. 왜냐하면 결국 모든 학생은 자신에게 얼마나 긍정적인 관심이 있느냐에 따라 마음의 문을 여는 크기가 달라지기 때문이다. 때에 따라서는 시험 성적보다 학생들과의 관계가 더 중요한 시기가 있다. 이런 경우는 학부모와의 상담을 통해 현재 공부에 집중하지 못하고 있음을 솔직히 말하고, 대신 힘들어하는 부분이 어떤 부분인지 대화를 통해 풀어가려고 노력하고 있다는 것을 알려야 한다. 부모도 비슷하게 고민하고 있지만 자녀와 대화하기가 쉽지 않으므로 선생님의 솔직한 마음을 이해하게 된다.

반면 공부에 흥미를 보이고 1학기 시험을 통해 공부에 자신감을 얻은 학생은 선생님의 특별 관리가 들어가야 한다. 지속적으로 학생의 목표를 확인하고 진로와 진학에 대한 소통을 통해 자신의 목표를 이룰 수 있도록 도와주는 공부방 선생님이 있다는 것을 느낄 수 있도록 꾸준히 격려하고 집중학습을 할 수 있도록 해야 한다.

버릇없이 대드는 학생, 참을 수가 없어요

다음은 버릇없는 학생 때문에 고민인 선생님의 하소연이다. "'저런 학생을 가르치면서까지 내가 돈을 벌어야 하나? 안 가르치면 그만인데 왜 사서 고생하고 있나?'라는 생각이 들다 보니 제 자존감도 떨어지는 것 같아요. 그런데 요즘 아이들 다 그렇다는데 눈 질끈 감고 가르쳐야 하나요?" 이런 고민은 아이들을 가르쳐본 선생님이라면 누구나 한 번쯤 해봤을 것이다.

초등학교 고학년만 돼도 선생님께 대드는 학생들이 있고 선생님 앞에서 공부방 그만 다니고 싶다는 말을 서슴없이 하는 아이들도 있다. 이런 학생을 가르칠지 말지 결정하는 것은 선생님의 몫이다. 하지만 이런 학생과 학부모를 상대하고 상담하는 자질을 갖춰야 한다. 그렇지 않으면 학생의 잘못으로 인해 생긴 좋지 않은 소문을 선생님이 감당해야 하는 경우가 생긴다.

욕을 한 학생이 있다고 하자. 우선 심호흡으로 화나는 감정을 다스리는 것이 중요하다. 그것이 잘되지 않으면 잠시 그 학생을 피해 다른 방으로 가서 마음을 안정시켜야 한다. '내 공부방에서 내가 왜 피해야 하나'라는 생각으로 학생에게 나가라고 하는 순간 뒷수습이 쉽지 않다는 것을 기억해야 한다. 마음이 진정되면 학생에게 다음과 같이 이야기한다.

"○○아, 네가 욕을 할 정도로 많이 화가 나고 기분이 나빴나 보구나. 선생님도 네가 욕하는 것을 들으니 매우 당황스럽고 기분이 좋지는 않네. 왜 그랬는지 선생님이 알고 싶은데 지금 말하고 싶지 않으면 나중에 문자나 카톡으로 이야기해줬으면 좋겠다. 혹시 오늘 수업하기 힘들면 선생님이 어머님께 잘 말씀드릴 테니 집에 가서 쉬어도 돼. 어떻게 하고 싶니?"

이렇게 선생님의 마음을 충분히 학생에게 전달하는 것이 중요하다. 그다음 학생의 행동과 선택은 그 학생에게 맡기고 그에 따라 다시 생각하면 된다. 매우 화가 났을 때 선생님의 대처 방식은 추후 학생과 학부모의 반응에 막대한 영향을 미친다는 것을 잊지 말아야 한다.

9월 이벤트 '시험 대비 추석 미션'

중등 공부방은 추석 연휴임에도 시험 대비로 인해 추석을 즐길 수 없는 경우가 생긴다. 그렇다고 시험 대비에 집중하기도 쉽지 않기 때문에 관리가 필요하다. 추석 연휴가 되기 전에 미리 공부 계획을 짜고 연휴 기간 선생님께 매일 공부한 내용을 카톡으로 보내는 미션을 진행한다. 미션을 잘 진행한 학생에게는 그에 따른 보상을 한다.

✎ 9월 중등 중심 공부방 주차별 시스템 운영

분류	홍보	상담	수업	관리
1주차	여름방학 체험 학습 활동 홍보(온라인)	문제 학생 상담	수준별 교재 준비	
2주차	2학기 신규 학생 모집 홍보		수준별 수업	
3주차	체육대회 홍보		수행평가 대비 단원평가 대비	추석 명절 이벤트
4주차		추석 명절 보강 상담		가정통신문 발송

06
10월!
우리 공부방 찐팬 만들기

    10월이면 봄에 뿌린 씨앗과 열매들이 무르익어 추수할 시기가 되듯이 공부방도 열매가 맺어지는 달이 되도록 해야 한다. 그러기 위해서는 10월에 모든 시스템의 총력전을 펼쳐야 한다. 홍보, 상담, 수업, 관리 면에서 모두가 공부방 대표 선수를 만드는 데 총력전을 펼쳐야 한다. 우리 공부방 대표 선수는 쉽게 말해 무조건 내 편인 학생과 학부모를 말한다. 크게는 공부방에서 새로운 시스템이나 커리큘럼을 도입하거나, 소소하게는 시간표 변경이나 특강 상담을 할 때 무조건 공부방 선생님의 의견이나 제안에 예스를 하는 찐팬이 있어야 한다. 그러기 위해서는 학부모 유형에 따른 상담과 관리가 잘 이루어지는 것이 중요하다. 초등학생 학부모와 중학생 학부모의 고민이 다르기 때문에 관리 포인트를 어디에 두어야 할지 생각해봐야 한다. 초등은 자녀의 상태나 변화에 맞춘 상담과 관리가 중요하다면, 중등은 입시 정보도 좋지만 학부모의 마음을 살펴주는 것이 필요하다.

10월 초등 중심 공부방 기본 시스템 운영

홍보 시스템

    지금까지는 공부방 선생님이 주체가 돼 홍보했지만 이제 공부방에 다니는 학생과 학부모가 홍보의 주체가 될 수 있도록 하는 방법을 생각해봐야 한다. 빅 마우스 학부모나 공부방에 다니면서 실력이 눈에 띄게 성장한 학부모에게 적극적인 소개를 부탁한다. 또는 활동하는 커뮤니티에서 공부방을 홍보해 달라고 부탁해본다. 온라인 활동을 적극적으로 하는 학부모가 있다면 자녀가 공부방에서 공부하는 사진이나 활동했던 내용을 포스팅할 수 있도록 유도하는 방법도 있다.

상담과 관리 시스템

학부모의 유형을 분석해 어느 누가 와도 긍정적인 반응을 유도할 수 있도록 상담 스킬을 높여야 한다. 학부모의 몇 가지 유형에 대한 응대 방법만 알고 있어도 좋은 결과를 끌어낼 수 있다. 학부모의 유형은 여러 유형이 있지만 크게 네 부류로 나눠볼 수 있다.

됐고요형 학부모(주도형 또는 추진형)

자녀의 생각이나 의지보다 자신의 판단으로 결정하는 유형으로 장황하게 이야기하기보다는 단정적으로 의사를 표현한다. 학습 방법이나 관리에 대한 불만이 있을 때 돌려 말하기보다 단도직입적으로 말하는 편이다. 이런 학부모는 선생님이 길게 설명하는 것보다는 학부모의 이야기를 잘 경청하고 적절한 칭찬을 통해 체면을 세워주는 것이 필요하다. 공부방의 시스템이나 프로그램을 간단히 요점만 설명하고 결정은 스스로 할 수 있도록 시간을 주는 것이 좋다.

"어머님, 이번에 우리 ○○(이)가 영재학급에 들어가서 정말 기쁘시죠? ○○(이)가 한 학기 동안 열심히 준비하고 애쓴 보람이 있어 저도 얼마나 기쁜지 모릅니다. 이번에 같이 들어간 □□□ 친구와도 친하다면서요? 함께 공부하면 더 시너지 효과가 날 것 같은데 어머님 생각은 어떠세요? 괜찮으시면 소개 부탁드려요. ○○(이)가 욕심이 있으니 더 열심히 하는 계기가 될 것 같아요."

좋아요형 학부모 (표현형 또는 감정형)

대부분 사람에게 사교적이며 한번 마음에 들면 쉽게 결정하고 주변에 잘 알리기도 한다. 그러나 다른 사람의 말에 쉽게 흔들리고 싫증을 금방 내기 때문에 지속적인 관심을 표현해야 한다. 공부방에서 어떻게 공부하는지 꾸준히 관리해주면 적극적으로 반응하고 만족해하는 학부모 유형이다.

"어머님, 엊그제 보내 드린 11월 학습 자료 보셨어요? ○○(이)가 1학기에 수학 풀이 과정 쓰는 것을 힘들어했는데 이제는 같은 학년 중에 제일 잘합니다. 그런데 요즘 우리 ○○(이)가 기분이 별로 안 좋더라고요. 왜 그런지 물어보니까 같이 다니던 친구가 그만둬서 속상했나 봐요. 혹시 집에 가서 이야기하지 않던가요? ○○(이)가 어머님처럼 친구들과의 유대 관계가 좋다 보니 잘 적응을 하겠지만 그래도 혹시 다른 친한 친구가 있으면 좋을 것 같은데 어머님 생각은 어떠세요?"

괜찮아요형 학부모 (온화형 또는 안정형)

자신의 의견을 적극적으로 말하기보다 주로 듣는 편이며 수동적이다. 질문하기 전에는 의견을 말하지 않는 경향이 있으므로 먼저 질문을 하는 것이 좋다. 긍정적인 답변이 나올 수 있는 질문을 하고 사소한 답변이라도 친근감 있게 응대해야 한다. 기존 학생의 예시를 들며 학습 효과가 있음을 들어 확신을 주는 것이 중요하다.

"어머님, ○○(이)가 오늘 공부방에 와서 엄마가 공부방에 그만 다니라고 했다고 하던데요. 요즘 친구들이 장난으로 말하는 경우도 있기는 한데 혹시 무슨 일이 있는 것은 아닌지 궁금해서 연락드렸어요. 요즘 배우는 수학이 좀 어려워서 힘들어하기도 하는데 지금 고비만 잘 넘기면 쉬운 단원이 나오니 괜찮을 거예요. 작년 5학년 친구들도 비슷한 경향을 보였는데 열심히 해서 단원평가 결과가 잘 나오니까 오히려 재미있어하더라고요. 만약 ○○(이)가 수학이 힘들다고 하면 어머님께서 잘 다독여주세요. 저도 조금 더 신경 써서 쉽게 이해할 방법을 더 고민하도록 하겠습니다."

왜요형 학부모(분석형 또는 신중형)

어떤 일을 결정하는 데 있어 매우 신중하며 비판적이고 한번 굳힌 생각은 잘 바꾸지 않는 고집이 있다. 이런 학부모들은 학생들이 실제 공부하는 학습 자료와 교재, 학습 결과물 등 구체적인 자료를 제시하는 것이 좋다. 특히 시험 결과에 대한 통계자료를 통해 체계적인 관리를 하고 있다는 인식을 심어 줘야 한다.

"어머님, 저희 공부방에서 공부한 친구들 90% 이상이 성적이 올랐습니다. 워낙 잘하는 학생도 있었지만 중·하위권 학생들의 성적 향상 폭이 보통 평균 30점 이상이에요. 여기 자료를 보시면 아시겠지만 이번에 1등한 ○○이는 지난 시험에서 평균 90점이 안 됐던 학생이었습니다. 저도 이 결과로 저희 학습 시스템에 더 확신을 갖게 됐어요. □□이도 1등 시스템 공부방에서 공부를 꾸준히 하면 성적 향상분만 아니라 자신만의 공부법을 만드는 학생이 될 겁니다."

수업 시스템

이제 선생님 설명 중심 수업에서 벗어나 학생 중심 수업 방식을 고민해봐야 한다. 요즘 교육 시스템 트렌드는 학생들의 자기 주도 학습 능력을 키워주기 위한 학습 프로세스와 프로그램의 중요성을 많이 강조한다. 따라서 기존 학습 방법을 고수하는 것이 현명한 방법은 아닐 수 있다. 또한 학생의 흥미 유발을 위해 태블릿을 이용한 스마트 학습 시스템 역시 관심을 가져봐야 한다. 스마트 학습에 대해 부정적인 편견보다는 현재 부족한 부분을 스마트 학습 시스템으로 어떻게 보완할 수 있을까 고민해본다면 오히려 긍정적인 효과를 볼 수 있다. 초등학교 저학년의 경우 이미 입학 전부터 거의 스마트 학습에 노출되어 있기 때문에 지면 학습만 하는 것이 오히려 흥미를 떨어뜨릴 수 있다는 사실을 알아야 한다.

학습의 흥미를 높이기 위해 학생들이 재미있고 쉽게 학습한 내용을 기억할 수 있도록 개념 송을 만들거나 예쁜 포스트잇을 활용해 보는 것도 필요하다. 학습 내용을 설명하도록 하거나 학생 스스로 자신의 공부 방법을 터득할 수 있도록 하는 수업 노하우가 있을 때 수업 시스템도 정착된다. [수업 노하우 관련 내용은 『우리 동네 1등 공부방』(유경숙 저, 밥북) 6장 '좋은 선생님과 좋은 수업' 참조]

10월 이벤트 '독서 토론 대회 준비' & '핼러윈 데이'

학교에서 10월에 하는 행사로 독서 골든벨이나 독서토론 대회를 진행하는 곳이 있다. 이를 준비하기 위해 먼저 학교 홈페이지에 들어가서 일정과 도서, 그리고 진행 방식을 미리 파악해야 한다. 학생들에게 지정 도서를 알려주고 공부방에도 책을 구비하도록 하고, 2주 정도 토요일을 활용해 지정된 책으로 공부방에서 대회 준비를 진행한다. 이 이벤트가 부담스럽다면 영어 공부방이 아니더라도 핼러윈 데이 이벤트를 준비해도 된다. 간단한 사탕과 재미있는 가면을 몇 개 준비해 사진을 찍어주는 것만으로도 아이들은 즐거워한다.

✎ 10월 초등 중심 공부방 주차별 시스템 운영

분류	홍보	상담	수업	관리
1주차	전단 홍보	소개 상담	설명하기 수업	독서토론 대회 준비
2주차	게시판 홍보			
3주차	학교 앞 홍보		단원평가 대비	핼러윈 데이 이벤트
4주차	현수막 홍보			가정통신문 발송

10월 중등 중심 공부방 기본 시스템 운영

중간고사가 끝나고 바로 시험 결과 상담을 시작해야 하는 10월이다. 2학기 시험 결과 상담이 기존 상담과 별반 다르지 않다고 생각하겠지만 꼭 그렇지만은 않다. 학부모들은 1학기 시험 결과보다 2학기 시험 결과에 더 민감하다. 상담을 받으면서 이미 마음속으로 겨울방학쯤 이동을 결심하고 있을 학부모도 있다는 것을 명심하고 최대한 구체적이고 확신을 줄 수 있는 상담을 해야 한다.

학생들 역시 공부방 수업 효과에 대해 스스로 평가하고 있으며 특별한 문제가 없음에도 불구하고 다른 곳으로 옮겨볼까 생각하게 되는 시점이다. 또한 고입 설명회가 시작되기 때문에 중학생 학부모들은 학습 정보에 민감하고 예민하게 반응한다. 따라서 이런 시기에 공부방 선생님의 전문성을 보여줄 수 있는 간담회를 진행해보는 것이 좋다. 간담회는 1시간에서 1시간 30분 정도 진행하는 것이 좋으며 기존 학부모 중 가장 긍정적인 학부모 한두 명 정도는 꼭 참석할 수 있도록 한다. 공부방 찐팬 학부모가 참석할 때와 그렇지 않을 때 분위기와 부담감 차이가 크다. 처음 진행하는 경우 긴장되고 떨리기도 하겠지만 준비한 자료를 중심으로 차분하게 설명만 해도 좋은 이미지를 줄 수 있으므로 자신감을 가지고 진행하면 된다.

✎ 간담회 진행 프로세스

단계	준비 사항	내용
2주일 전	홍보	게시판, 전단, 현수막, 맘카페, 블로그 등
1주일 전	기존 학부모 상담	참석 가능 학부모 확인

2일 전	최종 리스트 확인 – 준비물 확인	진행 일시 문자 발송, 외부 고객 및 기존 학부모 리스트 확인 – 참석자 선물, 간담회 자료, 방명록, 공부방 프로그램, 교재, 학생 학습 결과물 등 점검
1일 전	간담회 예행연습	주변 중학교 입시 현황 파악, 고등학교 정보 파악 교육 정책 변화에 따른 입시 정책 및 준비 사항 파악
당일	간담회 시행	참석자 최종 확인, 간담회 시행, 질의응답
당일 이후	상담 리스트 연락	신규 학부모 상담 진행

학부모도 위로와 공감이 필요해

요즘 중학생 학부모들은 자녀의 다양한 문제로 마음이 쉴 틈이 없다. 매일 사소한 일로 자녀와 다투고 하루를 무사히 넘기기 위해 어느 날은 도를 닦는 심정으로 참기도 한다. 자녀 교육에 대한 책도 읽어보고 다양한 채널을 통해 정보를 얻지만, 막상 자녀와 갈등 상황이 오면 말처럼 쉽지 않아 힘들어하는 학부모들이 대부분이다. 때로는 정보가 아닌 위로와 공감이 더 필요한 학부모도 있다. 부담되지 않는 선에서 몇 명이 모여 브런치처럼 소소한 모임을 통해 학부모들끼리 수다를 떠는 시간을 마련해보는 것도 좋다. 그러면서 무조건 내 편인 공부방 찐팬이 만들어지기도 한다.

10월 이벤트 '나도 인스타 포토데이'

요즘 학생들은 셀카나 음식 사진 찍기를 좋아하고 그 사진을 인스타에 올리는 학생들이 많다. 10월은 단풍과 푸른 하늘이 어우러져 자연 풍경도 아름다운 계절이니 사진 찍기 좋은 계절이다. 이럴 때 '나도 인스타 포토데이' 이벤트를 진행해 학생들에게는 재미를 주고, 공부방 홍보도 함께 할 수 있는 방법이 있다. 공부방 로고를 폼 아트로 예쁘게 제작해 학생들에게 나눠주고 이것을 들고 사진을 찍어 인스타에 올리면 선물을 주는 이벤트다. 푸른 하늘에 대고 폼 아트 공부방 로고만 찍어도 작품이 되니 부담이 없다. 이벤트에 당첨된 사진은 출력해 공부방에 장식해놓으면 좋은 인테리어 소품이 된다.

✏️ 10월 중등 중심 공부방 주차별 시스템 운영

분류	홍보	상담	수업	관리
1주차	학부모 간담회 홍보	중간고사 결과 상담	중간고사 대비 문제 풀기	간담회 진행
2주차				나도 인스타 포토데이 진행
3주차	기말고사 대비 홍보		기말고사 목표 설정	
4주차			기말고사 준비	가정통신문 발송

07
11월!
불어라 입소문 태풍

보통 태풍은 여름에 온다. 그러나 공부방의 입소문 태풍은 1분기부터 3분기까지 초석을 잘 다져놓았다면 4분기에 불기 시작한다. 그동안 어떻게 관리하고 좋은 결과를 만들었느냐에 따라 조금씩 회오리를 일으키면서 입소문이 나는 것이다.

11월이 돼서도 입소문이 나고 있지 않다면 다시 기본적인 관리를 점검해봐야 한다. 다음 내용을 통해 어떤 부분이 잘되고 있는지, 놓치고 있는 것은 없는지 확인할 필요가 있다.

11월 초등 중심 공부방 기본 시스템 운영

출결 관리로 공부 습관의 기본 잡기

학부모와 아이들에게 가장 중요한 것은 공부 습관을 잡아주는 것이다. 공부 습관이 제대로 잡히기 위해서는 매일 일정한 시간에 공부방에 와서 일정한 양의 학습을 하는 것이 중요하다. 그러기 위해서는 철저한 출결 관리를 통해 아이와 학부모 모두에게 공부 습관이 중요하다는 인식을 심어줘야 한다. 학부모에 따라서는 한 달에 한두 번 빠지는 것이 별일 아니라고 생각할 수 있지만, 어떤 일이 생겼을 때마다 공부방 수업을 빠져도 된다고 생각하면 언제든지 그만둬도 된다는 생각으로 이어지게 된다.

그러므로 출석이 100%인 경우 월별로 별도의 상장을 준비하거나 시상품을 준비해 칭찬해주고 다른 아이들에게도 공부방에 매일 오는 것이 모범이 되는 아이임을 인식시키는 것이 필요하다. 학부모에게도 혹시 아이가 배가 아프거나 머리가 아파서 쉬고 싶다고 이야기할지라도 꼭 공부방 선생님에게 이야기하고 쉬라고 당부해야 한다. 아이들은 의외로 아프다고 했다가도 막상 공부방에 와서 친구들과 이야기하거나 선생님이 주는 작은 간식에 기분이 좋아져서 괜찮아졌다고 하는 경우가 많다.

숙제 부담보다 숙제 효과를

요즘 아이들은 공부방 외에 다니고 있는 곳이 많기 때문에 숙제를 내주는 것에 부담을 많이 느낀다. 숙제는 아이의 상황에 따라 반드시 아이가 할 수 있는 분량만 내줘야 한다. 학생이 숙제를 건성으로 해오는지, 성실하게 해오는지 파악해서 스스로 본인이 할 수 있는 숙제 분량을 정하도록 하는 것도 하나의 방법이다. 그리고 숙제를 잘해오면 칭찬을 통해 아이 학습에 동기를 유발해주고, 숙제가 학교 공부에 실제로 도움이 많이 되는 경험을 제공해주는 것이 중요하다.

어떤 학부모는 숙제를 내주지 않았으면 좋겠다고 말하기도 한다. 이런 학부모의 의견을 전적으로 수용하면 추후 시험 결과에 대한 책임도 오롯이 공부방에 전가한다. 이런 상황을 미연에 방지하기 위해서는 평소에 수업을 마치고 별도로 남아서 20분 정도 숙제할 시간을 준다든지, 학교 평가 준비 시에는 어느 정도 숙제가 필요하다는 점과 숙제 여부를 확인하는 학부모의 관심을 강조해 상담해야 한다.

교재 관리는 공부 흔적 관리

교재는 공부방에 두고 다니는 아이와 가지고 다니는 아이가 있다. 교재 관리가 잘되지 않으면 진도 관리가 소홀하게 될 우려가 있어 관심을 가지고 관리해야 한다. 교재를 가지고 오지 않으면 프린트를 활용해야 하는데 그것이 반복되면 결코 좋은 이미지를 줄 수 없다. 아이는 교재를 대수롭지 않게 생각하게 되고 학부모는 아이가 공부방에서 학습을 제대로 하지 않았다고 오해할 수 있기 때문이다.

교재 관리에서 디테일함을 보여주려면 교재에 아이가 공부한 흔적을 많이 남겨야 한다. 그리고 선생님이 가르친 흔적을 많이 볼 수 있어야 한다. 교재를 꼼꼼히 보는 학부모들은 어떻게 교재를 활용했는지에 따라 선생님의 가르침을 평가하기도 한다. 하지만 교재의 문제를 선생님이 직접 풀이한 흔적을 많이 남기는 것은 좋지 않다. 문제는 학생이 풀도록 해야 하며 선생님은 학생이 스스로 풀 수 있도록 어떻게 지도와 관리를 했는지 드러날 수 있도록 해야 한다. 이를 위해 교재에 틈틈이 포스트잇을 활용해 아이에게 다시 한번 답을 써보게 한다든지 칭찬 멘트를 써주거나 중요한 부분은 강조 표시해주는 방법으로 흔적을 남기는 것도 하나의 방법이 될 수 있다.

채점은 정성을 담아서

학생이 푼 문제 채점도 중요한 부분이다. 채점은 될 수 있으면 그 시간 내에 마무리해야 한다. 학생도 자신이 무엇을 모르고 무엇을 틀렸는지 그 시간에 알아야 기억력과 집중력이 유지되고, 선생님도 학생의 학습에 누수가 되는 부분을 제대로 파악할 수 있기 때문이다. 그리고 채점을 꼼꼼히 해줘야 한다. 문제를 다 맞았다고 할지라도 크게 동그라미 하나 그려줄 것이 아니라

한 문제 한 문제마다 채점을 해주는 것이 좋다. 학생도 그 한 문제를 풀기 위해 고민한다. 채점은 그 고민에 대한 보상이므로 소홀히 해서는 안 된다.

오답 관리로 실력 점프 업

학습에서 개념을 정확히 이해하는 것은 중요하다. 개념을 정확하게 이해했는지 확인하기 위해서는 오답 관리가 꼼꼼해야 한다. 특히 오답 관리는 학교 성적과도 밀접하게 관련이 되기 때문에 선생님이 놓쳐서는 안 되는 부분이다. 실수는 실수가 아니라 실력이 된다. 오답을 관리하는 방법은 교재 자체에서 해결할 수도 있지만 고학년의 경우는 오답 노트 관리를 해주는 것이 학부모의 만족도가 높다. 수학은 틀린 문제를 중심으로 오답 관리를 하고 국어, 영어, 사회, 과학 같은 경우는 개념 노트 관리를 해주는 것이 좋은 방법이다. 지속적으로 오답 노트나 개념 노트를 관리해주면 아이가 스스로 공부방법을 깨쳐 중학교에 가서도 공부 습관이 자리 잡는다. 이러한 오답 관리는 입소문이 나는 비결 중의 하나다.

11월 이벤트 '빼빼로·가래떡 데이'

11월 이벤트는 빼빼로나 가래떡으로 즐거운 시간을 갖도록 한다. 빼빼로데이에 빼빼로를 포장해 학교 앞에서 홍보해도 효과적이다. 또는 공부방에서 빼빼로를 직접 만들어보는 이벤트를 진행하는 곳도 있다. 직접 만들어서 먹기도 하고 부모님께 가져다드릴 수 있도록 포장해주면 좋아한다고 한다. 포장 재료 구입과 진행이 번거롭기는 하지만 아이들의 만족도가 높은 이벤트 중 하나다.

✎ 11월 초등 중심 공부방 주차별 시스템 운영

분류	홍보	상담	수업	관리
1주차				
2주차		학년별 상담	수행평가 대비 단원평가 대비	빼빼로·가래떡 이벤트
3주차	예비 초등 홍보 준비			
4주차	예비 초등 홍보		단원평가 대비	가정통신문 발송

11월 중등 중심 공부방 기본 시스템 운영

중등 중심 공부방에는 입소문 태풍을 몰고 오는 공부방 대표 선수가 있어야 한다. 중등은 학부모나 학생이 스스로 공부방을 소개하지 않는다. 하지만 한번 신뢰하는 공부방 선생님은 쉽사리 바꾸지 않는 성향이 나타난다. 자신에 대해서 누구보다 잘 알고 어떤 곳보다 더 잘 맞춰준다고 생각하기 때문이다. 이런 생각을 가질 수 있는 밑바탕은 결국 시험 성적 결과다. 그러므로 11월은 어느 때보다 체계적이고 효과적인 시험 대비를 해야 하는 달이다.

선생님만 목이 쉬는 시험공부는 그만

시험 기간이 되면 시험을 보는 사람이 선생님인지 학생인지 구분이 안 될 때가 있다. 학생이 열심히 공부하는 것이 아니라 선생님이 더 열심이다. 목이 쉬는 것은 기본이요, 매일 시험 문제 뽑으랴, 학생이 푼 문제 채점하랴 밤 늦게까지 잠 못 드는 날이 많다. 이런 일상이 반복되다 보니 시험이 끝나면 선생님들이 녹초가 된다. 그런데 과연 이렇게 시험공부를 하는 것이 학생에게 효과적일까? 생각해보면 그렇지 않다는 답변에 동의하는 분들이 많을 것이다. 목이 터져라 설명할 수 있는 사람은 선생님이 아니라 학생이어야 한다. 이제 선생님이 설명하지 말고 학생이 설명할 수 있는 시험 대비를 하도록 해야 한다. 그것이 바로 학생의 진짜 실력이 된다.

✎ 효과적인 기말고사 대비를 위한 전략

구분	시험 대비 전략
시험 4주 전	중간고사 시험 결과를 확인하고 객관식, 주관식, 서술형, 수행평가로 분류해 어떤 문제 유형에 취약한지 분석한다. 개념을 이해하지 못한 경우인지, 문제 응용력이 부족한지, 문제를 제대로 읽지 않은 실수인지 학생 스스로 다시 점검하도록 한다. 중간고사 시험에 대한 분석이 끝나면 학생별 기말고사 목표를 설정하고 주차별 계획을 세워보도록 한다. 이후 간단한 면담을 통해 학생이 세운 목표와 계획이 실현 가능한 목표와 계획인지 점검하고 피드백을 해준다. 선생님은 기말고사 시험 대비 교재를 무엇으로 할 것인지 준비하고 추가적인 출력 문제가 더 필요한지 학생별로 확인한다.

시험 3주 전	현재 학교에서 나가고 있는 교과 진도와 시험 범위를 확인하고, 어려워하는 단원과 취약 단원이 있는지 확인한다. 어려운 단원과 취약 단원은 학습 계획에서 시간 배분을 더 하도록 학습 계획을 잡아주고 시험 대비 교재를 꾸준히 풀게 한다. 선생님은 기출문제를 분석해 어떻게 설명하면 잘 이해할 수 있는지 방법을 고민한다.
시험 2주 전	학교 교과서를 복사해 공부방에서 꼼꼼히 다시 풀도록 하고 학생이 교과서에 필기한 내용을 점검해 담당 과목 선생님이 무엇을 중요하게 생각하는지 파악한다. 학생을 통해 학교 선생님이 언급한 출제 예상 문제를 확인하고, 출제 가능한 서술형 문제를 집중해 풀도록 한다.
시험 1주 전	3주 동안 기말고사를 대비한 결과, 어느 정도 실력이 늘었는지 알아보기 위해 모의시험을 진행해본다. 이를 통해서 부족한 부분을 파악해 개념부터 다시 짚어준다. 시험 전 틀린 문제 오답 노트를 확인하고, 시험 중에는 문제 풀이 시간을 체크해 시간 관리를 할 수 있도록 한다.

11월 이벤트 '1+1 친구 추천 이벤트'

11월 한 달 동안 1+1 친구 추천 이벤트를 진행해 홍보로 활용할 수 있다. 1차 이벤트는 빼빼로 데이에 친구를 데려온 학생에게는 빼빼로와 작은 선물을 주는 이벤트를 하는 것이다. 같이 온 친구에게도 선물을 주고 2차 이벤트로 그 친구가 다른 친구를 데리고 오면 3명을 묶어서 놀이공원에 갈 수 있게 해주면 아이들끼리 재미있는 홍보 경쟁이 된다.

✎ 11월 중등 중심 공부방 주차별 시스템 운영

분류	홍보	상담	수업	관리
1주차	중간고사 결과 홍보	기말 목표, 계획 상담	시험 대비 교재 준비	1+1 친구 추천 이벤트
2주차				
3주차	기말고사 대비 홍보		기말고사 대비 공부	
4주차		기말 학부모 상담		가정통신문 발송

공부방 體IN智

공부방 운영의 성장 줄기
'하반기 월간 시스템' 수행평가

하반기 수행평가의 핵심은 자가 점검이다. 하반기지만 상반기 시스템과 더불어 일 년 동안 홍보, 상담, 수업, 관리 시스템이 얼마나 잘 정착되고 있는지 점검해봐야 한다.

월	핵심 이슈	체크 포인트		보완점
6월		홍보		
		상담		
		수업		
		관리		
7월		홍보		
		상담		
		수업		
		관리		
8월		홍보		
		상담		
		수업		
		관리		

월		구분		
9월		홍보		
		상담		
		수업		
		관리		
10월		홍보		
		상담		
		수업		
		관리		
11월		홍보		
		상담		
		수업		
		관리		

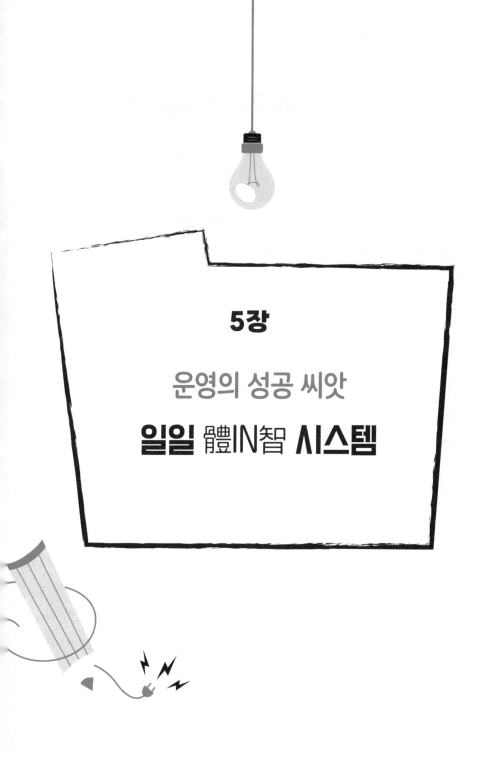

5장

운영의 성공 씨앗

일일 體IN智 시스템

01

나는 공부방으로 출근합니다

누구나 하루하루를 열심히 살아야 한다는 것은 알고 있다. 하지만 정작 공부방 운영을 하면서 '어떻게 하루를 보내야 성공하는 공부방이 될 수 있을까'는 중요한 고민이 아니었을 수 있다. 대부분의 공부방은 늦은 아침 식사와 커피 한 잔으로 시작되는데, 수업에 열중하다 보면 어느새 저녁이 된다. 자녀에게 자장면을 시켜주며 저녁 식사를 해결하고 아이들이 풀고 간 교재 채점으로 자정이 넘어서야 그날의 업무가 끝나는 일이 허다하다. 이런 일상이 반복되다 보면 월요일 시작부터 피곤하고 정신이 없으며 목요일부터 체력이 바닥나기 시작한다. 잠깐 쉬는 주말이면 밀린 집안일에 바쁘고, 가족 행사라도 있어 긴 외출이라도 하게 되면 제대로 쉬지도 못하고 피곤한 한 주가 다시 시작된다. 점점 떨어져 가는 체력을 느끼며 이대로는 안 되겠다는 생각이 들지만, 그것도 잠시 스치는 생각일 뿐 변하는 것은 그다지 없다.

일일 시스템의 중요성

공부방이 나의 직장이며 공부방 선생님을 오랫동안 하고자 하는 직업이라고 생각한다면 이제 하루를 다르게 살아야 한다. 공부방의 하루도 전략과 시스템을 만들어서 움직여야 오랫동안 다닐 수 있는 직장이 되고 직업이 될 수 있다. 물론 집안일이 있고 여러 가지 변수가 있지만 큰 틀을 세우고 1주일을 보내는 것은 그렇지 않은 1주일과 아주 다르다.

1주일을 전략과 시스템을 가지고 움직여야 하듯이 하루 24시간도 마찬가지다. 오전, 오후, 저녁, 밤으로 하루를 쪼개어 어디에 집중해야 하는지 스스로 정리해야 한다. 사람이 하루에 쓸 수 있는 에너지는 한계가 있다. 어떤 에너지를 어디에 쓰느냐에 따라 하루의 효율성이 달라지기 때문에 하루를 시스템화하는 것이 중요하다. 하루를 시스템화하기 위해서는 하루 업무 일지를 간단하게라도 작성하는 습관을 지녀야 한다. 공부방에서의 하루를 메모해보면서 그동안 습관처럼 굳어져 버린 쓸데없는 일에 귀한 시간을 낭비하고 있는 것은 아닌지 체크해봐야 한다.

✏️ 일일 업무 시스템

일자		20**년 ○월 ○일
오전	홍보	
	상담	
오후	상담	
	수업	
저녁	수업	
	관리	
밤	수업 준비	

요일별 시스템

공부방 운영의 월 계획을 세우고 주차별로 무엇을 할 것인가를 구체화해 움직이는 선생님들이 있다. 이런 분들의 공부방 주차별 행동 패턴을 보면 요일별로 정해진 시스템이 있다는 것을 알 수 있다. 정해진 규칙은 아니지만 공통적인 부분을 찾아보면 대개 아래와 같다.

요일	일	월	화	수	목	금	토
집중 업무 시스템	휴식, 차주 계획	수업 준비	신규 학생 상담	홍보	기존 학생 상담	마무리 관리	휴식

월요일은 첫 주의 시작이니만큼 수업 준비에 철저해야 한다. 화요일과 목요일은 상담을 위주로 하되 화요일은 최근에 들어온 학생 중심으로 학부모 상담을 하고, 목요일은 기존 학생 중 특별한 일이 있는 학생 중심으로 상담을 진행한다. 시험 대비 기간인 경우는 시험 대비 상담을 하는데 화요일은 최근 들어온 학생을, 목요일은 기존 학생을 중심으로 나눠 상담을 진행하는 것이 효율적이다.

수요일은 초등학교가 대부분 일찍 끝나기 때문에 학교 앞 홍보를 나가거나 블로그, SNS 등 온라인 활동을 한다. 금요일은 한 주간이 마무리되므로 빠진 부분이나 놓친 것이 없는지 확인하고 주간 베스트 학생을 선정하는 관리 활동을 한다.

이런 요일별 활동은 개인마다 다르지만 각자의 상황에 맞게 요일마다 해야 할 활동을 정해야 한다. 이것이 공부방 시스템이 작동되는 기본적인 원리다. 가장 중요한 홍보, 상담, 수업, 관리 시스템이 지속되면 공부방 운영의 한 달 시스템이 자연스럽게 정착된다. 또한 일일 시스템의 정착이 곧 학원형 공부방 體IN智 시스템을 만드는 기반이 된다.

어떤 선생님께 공부방 운영을 하면서 제일 좋은 점이 무엇이냐고 질문했더니 회사 다닐 때는 아침마다 출근하는 것이 지옥이었는데 시간 맞춰 출근하지 않아도 되는 것이 가장 좋다는 이야기를 했다. 그렇다. 공부방 선생님은 회사원처럼 시간에 얽매이는 출근을 하지 않는다. 하지만 자신의 사업장인 공부방으로 출근하는 시간과 퇴근하는 시간은 정해야 한다. 공부방으로 출근해 공부방 CEO로서 홍보, 상담, 수업, 관리 시스템을 잘 운영해야 하는 것이 공부방 선생님의 업무다.

02
1주일의 시작 '일요일'

성공하는 사람들은 주말을 어떻게 보낼까? 주말도 없이 추진하는 업무에 몰두해 일만 할 것으로 생각할지 모르겠지만 성공한 사람들의 주말을 살펴보면 주말을 현명하게 보내는 그들만의 시스템이 있다는 것을 알 수 있다. 다음은 성공한 사람들이 주말에 대한 생각과 주말을 보내는 방법을 언급한 내용이다.

- 빌 게이츠: 반성의 시간을 가지고 지난주를 돌아본다.
- 워런 버핏: 취미를 가지고 스트레스를 완화한다.
- 벤저민 프랭클린: 다음 주에 해야 할 일의 계획을 세운다.
- 오프라 윈프리: 명상을 한다.
- 랜디 저커버그: SNS, 온라인에서 벗어나 오프라인에 집중한다.

위에서 언급한 사람들이 주말을 보내는 방법은 특별하거나 어려운 것이 아니다. 단지 무언가를 정하고 자신에게 효율적인 주말을 보내는 방법을 고민해 실천하고 있다. 막연하게 '1주일 동안 피곤했으니 쉬어보자'가 아니라 계획이 있는 쉼이 중요하다.

공부방 1년의 시작이 12월부터라면 1주일의 시작은 일요일부터라고 할 수 있다. '쉬는 시간도 부족한데 일요일부터 일해야 하는 건 너무한 것이 아닌가?'라는 생각이 들 수 있다. 1주일을 열심히 일한 만큼 충분히 쉬는 것도 중요하다. 하지만 휴식을 취하되 일요일 밤 30분에서 1시간 정도는 다음 주에 어떤 이슈가 있는지를 생각해보고 홍보, 상담, 수업, 관리로 나눠 To Do List를 정리해보는 시간을 가져야 한다. 빌 게이츠가 반성의 시간을 가지고 지난주를 돌아보듯이 잘한 부분은 스스로 칭찬과 보상을 주는 시간도 갖고, 부족했던 부분은 무엇이었는지 살펴보면서 정리해봐야 한다. 그리해야 월요일부터 시작되는 한 주가 가벼워진다. 물론 주말 저녁 휴식의 끝자락에 30분에서 한 시간을 내어 일에 대해 생각을 한다는 것이 쉬운 일이 아닐 수 있다. 그러나 그 시간을 갖느냐 그렇지 않으냐가 다음 한 주를 좌우할 수 있다고 생각을 한다면 놓쳐서는 안 되는 중요한 시간이다.

예를 들어 3월 마지막 주 일요일이라고 생각하면 아래와 같은 내용이 정리될 것이다.

구분	초등 중심	중등 중심
홍보	신규 학생 모집 – 학교 앞 홍보, 아파트 게시판	중간고사 대비 홍보 – 학교 앞 홍보
상담	학교생활 및 공부방 적응도 상담	중간고사 대비 계획 상담
수업	단원평가 준비	학교 시험 범위, 기간 확인, 교재 준비
관리	학습 안내문 준비 및 발송, 과학의 달 행사 계획	학생 목표 관리

이 정도만 생각해두고 있어도 월요일이 되면 각 시스템에 대한 세부 사항을 정리하기가 수월하다. 그리고 미리 생각을 정리했기 때문에 왠지 모르게 찾아오는 두려움과 불안이 줄어든다.

03
월요병이 없는 '월요일'

"여러분 무서운 이야기 하나 해줄까요? 내일이 월요일입니다"라는 우스갯소리가 있다. 직장인이라면 누구나 가지고 있는 병, 매주 반복되는 것을 알면서도 월요일이면 피할 수 없는 월요병!

하지만 앞서 언급했듯이 일요일 잠자리에 들기 전 1시간 정도만 생각을 정리해도 이 월요병이 줄어든다. 그런데 아이가 많이 어려 잠을 재우면서 함께 자게 되는 경우라든지, 주말여행으로 너무 피곤한 경우는 그 잠깐의 시간조차 어려울 수 있다. 이런 경우는 월요일 오전에 한 주간 할 일들을 정리해야 한다. 공부방의 수업 시작 시간이 오후에 있다 보니 주말이 피곤하면 월요일 오전에 늦잠을 자게 된다. 이런 습관을 가지고 있는 분이라면 가장 먼저 고쳐야 하는 습관 중의 하나가 늦잠이다.

조금 힘들다 하더라도 월요일만큼은 일찍 일어나 몸을 움직여야 한다. 무엇을 해야 할지 막연하다면 일단 공부방을 정리하는 일부터 시작하는 것이 좋다. 몸을 움직이면서 학생들이 공부한 교재와 프린트를 정리한다. 그러고 나서 달력을 꺼내어 이번 주 이슈가 무엇인지 살펴본다. 만약 떠오르지 않는다면 이 책의 해당 월을 찾아 읽어보면 도움이 될 것이다. 이슈가 있다면 홍보, 상담, 수업, 관리 중에 핵심으로 잡고 가야 할 것을 정하고 준비가 필요하면 시행 리스트를 적는다. 홍보를 해야 하면 홍보 물품을 검색해 적당한 것을 선택한 후 필요한 개수만큼 주문하고 홍보 문구 등을 생각해본다. 무엇을 하든 월요일에 가장 중요한 일은 최대한 빠르게 마음과 몸의 일 세포를 깨우는 것이다.

월요일에 해야 할 가장 중요한 일은 1주일 동안 진행되는 수업 일정을 점검하고 학생별 진도와 커리큘럼을 확인하며 수업 준비를 하는 것이다. 먼저 주문해야 하는 교재나 교구가 있는지 확인해 수업 진행에 차질이 생기지 않도록 해야 한다.

또한 지난 한 주간 교육 이슈는 무엇이 있었는지, 참고해야 하는 교육 정보는 없었는지 검색해보면서 참고할 만한 내용은 출력해 스크랩해 놓는다. 스크랩해 놓은 자료는 공부방 게시판에 붙여놓는다거나 상담 시 활용해도 좋고, 학습 안내문에 교육 정보로 학부모에게 보내는 내용으로 활용해도 된다.

한 가지 더 중요한 것은 바로 출석부 정리다. 보통 공부방 선생님들은 월별 출석부를 사용한다. 그러나 월 출석부보다 주 단위 출석부를 사용하는 것이 학생 관리에 더 효율적이다.

학생들이 들어오는 시기가 주마다 다르고 주중에 상담이 들어오게 되면 보통 다음 주 월요일부터 수업에 들어오면 된다는 상담을 주로 하게 되기 때문이다. 출석부 양식은 두 가지 형태로 관리하는 것이 좋다.

하나는 주 단위 학생 모집 목표를 설정하고 요일별로 오는 학생 명단 출석부와 다른 하나는 이름, 연락처, 출석과 지각, 숙제 체크를 할 수 있는 출석부다.

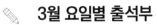

3월 요일별 출석부

3월 운영 미션: 학생이 꽃피는 공부방					현재 : 14명
학생 모집 목표: 10명					목표 : 24명

주/요일	월요일	화요일	수요일	목요일	금요일	토요일
1주	송중기(초5) 박나래(초5) 김민기(초5) 조인성(초6) 김희선(초6) 고소영(초6) 송혜교(중2) 전지현(중2) 정우성(중2) 이서준(중2)	송중기(초5) 박나래(초5) 김민기(초5) 조인성(초6) 김희선(초6) 고소영(초6) 김선아(중1) 서강준(중1) 아이유(중1) 신동엽(중1)	송중기(초5) 박나래(초5) 김민기(초5) 조인성(초6) 김희선(초6) 고소영(초6) 송혜교(중2) 전지현(중2) 정우성(중2) 이서준(중2)	송중기(초5) 박나래(초5) 김민기(초5) 조인성(초6) 김희선(초6) 고소영(초6) 김선아(중1) 서강준(중1) 아이유(중1) 신동엽(중1)	송중기(초5) 박나래(초5) 김민기(초5) 조인성(초6) 김희선(초6) 고소영(초6) 송혜교(중2) 전지현(중2) 정우성(중2) 이서준(중2)	보강 명단
2주	신입 이효리(초4)			휴원 신동엽(중1)		보강 명단
3주					휴원 정우성(중2)	보강 명단
4주	신입 김태희(중2)					보강 명단

✎ 3월 주차별 출석부

번호	이름	연락처	출석/지각	숙제 관리	주차 학습 내용
1					
2					
3					
4					
5					
6					
7					
8					
9					
10					
11					
12					
13					
14					
15					
16					

04
신규 학생 상담 '화요일'

상담이 매우 중요하다는 것은 알지만 주마다 규칙적으로 상담을 잡아서 진행하는 선생님들은 드물다. 학생에게 무슨 일이 있거나 수업료 납부 요청을 해야 하는 상황이 아닌 이상 전화해서 무슨 말을 해야 하나 고민이 돼서 상담 전화를 하지 않는 분들이 많다. 몇 번 마음 먹고 전화를 했으나 통화가 되지 않으면 오히려 학부모에게 부담을 주는 것은 아닌가 싶어 하지 않게 된다는 분들도 있다. 하지만 어떤 학부모도 자신의 자녀에게 관심 가져주는 것을 싫어하지 않는다.

둑이 무너지는 것은 한순간인 것 같지만, 바늘구멍 같은 작은 빈틈에서 무너지기 시작하듯이 공부방 운영도 마찬가지다. 학생의 불만이나 수업의 불만이 간혹 생겨도 그동안 상담을 얼마만큼 꾸준히 해왔느냐에 따라 그 불만을 잠재울 수도 있고 더 크게 만들 수도 있다.

관리 상담은 신규 학생과 기존 학생으로 나눠 관리하는 것이 좋다. 신규 학생 상담과 기존 학생 상담을 나눠서 진행하는 이유는 상담의 내용이 다르고 초기 3개월에 집중을 잘해서 학생 유지가 잘되면 자신도 모르게 상담에 소홀해지는 시기가 오기 때문이다.

신규 학생 상담 관리

공부방에 보낸 지 얼마 되지 않는 학부모는 공부방에서 어떻게 공부하는지 궁금해한다. 특히 공부방에 들어온 지 3개월 이내의 학생은 초기에 주기적인 상담을 하는 것이 중요하다. 첫 달은 수업 1일 차 상담 후 1주일에 1번씩, 그 이후에는 2주에 1번씩은 상담을 통해 학생이 어떻게 적응하고 공부하는지 학부모에게 안내하는 것이 좋다. 초기 집중 상담 3개월을 규칙적으로 진행하면 학부모의 신뢰가 자연스럽게 형성된다.

상담은 오전 11시부터 2시 사이가 적당하며 통화 시간은 10분을 넘기지 않는 것이 좋다. 상담 시 메모도 매우 중요하다. '또렷한 기억보다 흐린 펜이 더 낫다'는 말이 있듯이 통화하면서 학부모 하는 이야기 중 꼭 기억해야 하는 내용이 있다면 메모하고 다음 상담에서 그 내용을 언급하면서 상담하면 학부모는 내심 선생님의 관심과 배려에 놀랄 것이며, 상담하는 선생님 역시 서두에 꺼낼 대화 소재가 있기 때문에 전화기를 들기가 쉽다.

직장모의 경우는 점심시간을 이용한다거나 문자 메시지라도 보내는 성의를 보여주는 것이 필요하다. 이렇게 신규 학생 상담하는 요일을 정해 관리하면 관리에 소홀하지 않게 되고, 선생님도 상담하면서 학생 개별 상황이 정리된다.

기존 학생 상담 관리

기존 학생 상담은 우선 학생 리스트를 훑어보고 칭찬과 격려가 필요한 학생 리스트를 체크한 다음 칭찬과 격려할 내용을 메모한다. 예를 들어 단원평가 결과가 좋은 학생이나 숙제를 꾸준히 해오는 학생, 지각이나 결석이 없는 학생, 개념 노트 쓰는 습관이 정착되고 있는 학생 등이다. 지각이나 결석이 없는 것이 당연하다고 생각해 '칭찬과 격려를 굳이 상담까지 해가면서 할 필요가 있을까?'라는 생각을 할 수 있을 것이다. 하지만 의외로 그 습관이 안 돼 있는 학생들이 많고 지각과 결석 때문에 수업 전 선생님이 전화하는 일이 대부분이라는 사실을 생각하면 당연한 것은 아니다.

상담 전화 내용도 간단하다. "○○(이)가 처음에는 공부방에 오는 것을 힘들어하고 지각하는 날이 잦았는데 요즘은 전화하지 않아도 미리 알아서 옵니다. 우리 ○○(이)가 너무 기특하고, 어머님께서 더 신경 써주신 덕분인 것 같아 감사드리려고 전화 드렸다"는 상담을 하면 된다.

다음은 숙제를 잘 안 해오는 학생, 진도가 다른 학생에 비해 느린 학생, 유달리 피곤해하고 힘들어하는 학생, 짜증을 잘 내는 학생, 지각과 결석이 많은 학생, 친구와 다툼이 잦은 학생 등 문제가 있는 학생이 누구인지 살펴보고 그 내용을 메모한다.

상담할 때는 위와 같은 상황을 그대로 전달하기보다 집에서 요즘 학생이 어떤지 물어보는 것이 먼저다. "요즘 들어 ○○(이) 학년 또래들이 예민하고 별것 아닌 일에도 짜증을 내는 횟수가 잦아지는 것 같다. ○○(이)는 집에서 어떤지 궁금하고 요즘 무슨 일로 가장 예민한지 말씀 주시면 유의해서 살펴보고 잘 다독여보겠다"고 상담한다. 이런 상담을 하다 보면 학생이 예민한 부분을 미리 체크할 수 있어 불만을 줄일 수 있고, 선생님에 대한 불만이 있을 때는 미리 대처할 수도 있다.

신규 학생	상담 내용	기존 학생	상담 내용
김태희 (초4)		이서준 (중2)	

**3월
1주차**

신규 학생	상담 내용	기존 학생	상담 내용
이효리 (초4)		고소영 (초6)	

**3월
2주차**

05

홍보 데이 '수요일'

주중의 홍보를 하는 날은 대부분 수요일이다. 특히 초등학교의 경우 수요일 수업이 빨리 끝나기 때문에 학교 앞에서 홍보하기 좋은 요일이기도 하다. 공부방을 처음 오픈해서 학생을 모집해야 하는 분이라면 매주 수요일은 무조건 학교 앞 홍보를 하라고 추천한다. 비가 오나 눈이 오나, 혹은 태풍이 와도 반드시 3개월은 수요일이면 반드시 학교 앞 홍보를 해야 한다. 3개월의 꾸준한 홍보 씨앗은 절대 배신하지 않는다. 어떤 분들은 그런 홍보가 공부방이 너무 안 돼서 홍보하는 것 같은 느낌을 줘 그다지 내키지 않는다고 말한다. 그런 이유라면 '마트나 백화점은 왜 정기 세일을 할까? 그 유명한 가방 브랜드는 그렇게 잘 팔림에도 왜 광고를 할까?' 생각해보면 된다.

학생들이 어느 정도 모집이 되면 학교 수업이 끝나자마자 오는 학생들이 있어 학교 앞 홍보는 하고 싶어도 못 하는 경우가 있다. 그런 상황이 아니라면 학교 앞 홍보는 꾸준히 하는 것이 좋다. 홍보물을 나눠주며 아이들 얼굴을 익히고 학교 분위기도 파악할 수 있다.

학교 앞 홍보가 힘들다면 아파트 전단지 홍보나 종이 자석 홍보라도 하는 노력이 필요하다. 매주 운동하듯이 3~4동씩 홍보하는 것이다. 비밀번호 때문에 들어가기 쉽지 않다고들 하지만 마음만 먹으면 방법이 없는 것은 아니다. 단지 '그렇게까지 해야 하나'라는 생각만 버리면 된다. 아파트 청소하는 시간을 피해서 하되 아파트 문 앞에 어린이 자전거나 우유 주머니가 있는 경우는 간단한 상담용 메모지를 별도로 만들어 같이 붙여놓는 것도 눈에 띄는 홍보 방법이다. 어떤 분은 종이 자석 홍보 시 껌을 활용한다고 한다. 껌종이 위에 공부방 이름을 붙여서 종이 자석과 같이 붙여놓으면 그걸 보고 연락이 오는 경우가 있다고 하니 활용해 보면 좋을 것 같다.

아파트 홍보가 부담스럽다면 수요일은 온라인 홍보를 하는 날로 정하고 블로그나 아파트 커뮤니티, 맘카페, 밴드 등 온라인 홍보를 한다. 온라인 홍보에서 가장 중요한 것은 정기적인 업데이트다. 정기적인 업데이트가 되지 않으면 노출이 적어지고 홍보 효과가 당연히 떨어지기 마련이다. 온라인 홍보에 집중하는 시간을 정해서 하면 미루지 않게 되므로 지속적인 관리가 가능하다. 온라인 홍보를 지속적으로 진행하기 위해서는 학습 결과물이나 학생들이 공부하는 모습, 커리큘럼 구성도, 공부방 환경 등 사진 자료가 풍부해야 하므로 평소 관리가 잘돼야 한다. 이런 활동이 홍보를 위해서 하는 것은 아니지만, 정기적으로 하게 되면 꼼꼼히 관리하게 돼 일석이조의 효과를 볼 수 있다. 가장 좋은 홍보는 아래에 제시한 활동을 주차별로 진행하는 것이다.

주차 홍보	홍보 활동	홍보 결과
1주	온라인 홍보	
2주	학교 앞 홍보	
3주	아파트 종이 자석	
4주	아파트 전단지	

홍보할 때 고민되는 것 중의 하나가 홍보물일 것이다. 홍보물을 선택할 때는 우선 홍보 예상 금액 안에서 홍보물을 정하되 홍보 시기가 언제이고 누구에게 줄 것이냐가 중요하다. 또한 홍보물을 어떻게 만들어서 전달할 것인가 역시 고민해봐야 한다. 빵 봉투에 넣어 홍보하는 것과 스티커를 제작해 홍보물 자체에 부착해 홍보하는 것, 각각 상황에 따라 효과가 다르기 때문이다. 다음은 소체육대회가 한창인 초등학교, 중학교 앞에서 학생들에게 나눠줄 홍보물 예시다.(학생 대상/5월 소체육대회/홍보비 50만원 미만)

홍보물 종류	홍보 문구
투명 물병	마셔봐~ 1등 시스템 공부방은 처음이지? 02-1234-1234
물티슈	달려라, 달려! 1등 시스템 공부방으로 너의 공부를 책임질게 02-1234-1234
부채	펼쳐봐~ 1등 시스템 공부방 공부 핵인싸 되는 법 02-1234-1234
종이 모자	일단 한 번 써볼래? 1등 시스템 공부방에서 1등 되는 비법 알려줄게 02-1234-1234

날씨가 더워지는 시기이므로 물병이나 물티슈 또는 부채와 종이 모자 등이 적합하다. 개당 가격은 100원대에서 700원대이다. 물론 양이나 질에 따라 가격 차이가 있지만 나눠주면 학생들이 버리지 않고 가져가는 홍보물이다. 홍보물에는 그냥 공부방 이름과 전화번호만 적어서 만드는 것보다는 아래의 예시처럼 물품과 연관 문장을 만들어 눈에 들어오도록 하는 것이 좋다.

06

기존 학생 상담과 신입 문의 상담 '목요일'

매주 수요일 홍보를 꾸준히 하면 문의 상담 전화가 오게 돼 있다. 또는 주변에서 소개하는 경우도 있을 것이다. 이때 상담은 학부모가 상담이 가능한 요일을 요청하지 않으면 화요일이나 목요일로 정해서 하는 것이 좋다. 늘 상담을 꾸준히 해온 경우라면 상담의 습관이 잘 잡혀있기 때문에 대면 상담이라는 차이는 있지만 심리적인 부담이 적다. 또한 목요일로 신입 상담일을 정하라는 이유는 상담하고 마무리하기가 더 수월하기 때문이다. 주초에 상담하면 학부모에게 고민의 시간을 주게 되고 그 시간에 선택이 달라지는 상황이 발생하게 된다. 목요일에 상담하면 금요일은 학생 체험 수업을 듣게 하고, 그다음 주 월요일부터 바로 정식 수업을 할 수 있도록 마무리하면 학부모의 결정도 빨라진다.

신입 문의 상담

그런데 간혹 전화 상담이 왔을 때 공부방으로 방문을 유도하는 것을 잊고 바로 상담을 하는 경우가 있다. 학부모가 물어보는 내용을 잘 답변하더라도 정작 등록하러 오는 경우는 많지 않다. 따라서 전화 상담이 온 경우 반드시 방문 상담으로 유도하는 것이 중요하다. 방문 상담으로 유도하기 위해서는 절대 하지 말아야 할 것이 있다. 바로 질문하는 모든 내용에 답을 해줘서는 안 된다. 학부모가 필요한 정보를 다 파악하고 나면 이미 마음속으로 결정을 내리기 때문이다. 그런데 정작 상담을 하는 공부방 선생님은 공부방의 모습이나 시스템, 커리큘럼을 제대로 안내하지 못하고 단편적인 정보만 제공한 채 상담을 마치게 된다. 사실 이런 상담은 상담이라고 할 수도 없다. 다음은 방문을 유도하는 9단계 상담법이다.

✏️ 방문 유도 상담법

순서	시간	예시	유의점
준비		상담일지/시간표	
전화 받기	10초	벨이 울리면 전화를 받고 선생님: "안녕하세요. 1등 시스템 공부방입니다." 학부모: 거기 1등 시스템 공부방이 맞나요? 선생님: 네, 안녕하세요. 어머니~ 전화 주셔서 감사합니다. 여기저기 공부방이 많은데 어떻게 아시고 연락하셨어요? 학부모 : 아, 아파트 게시판에 붙어있던데요.	밝고 경쾌하게 상냥한 목소리로 받는다. 홍보의 효과를 파악하기 위해 어떻게 알고 연락했는지 물어본다.
학생 인적 사항 파악	30초	학부모: 공부방이 어떤지 알아보려고요. 선생님: 네~ 어머님, 아이가 어느 학교 몇 학년인가요? 학부모: ○○중학교 2학년이요. 선생님: 어머님 아이 이름 여쭤봐도 될까요? 학부모: 송혜교라고 합니다. 선생님: 어머나! 예쁜 이름이네요.	상담하기 위한 학생의 기본 정보를 파악한다.

(시험 전)
선생님: 중간(기말)고사가 얼마 안 남았는데 우리 혜교는 준비 잘하고 있나요?
학부모: 그냥 그럭저럭하고 있어요.

(시험 후)
-해당 학교의 시험이 어려웠다면
선생님: 이번에 ○○중 ○○고사가 어렵게 나왔는데 우리 혜교 성적이 잘 나왔나요?
학부모: 결과가 그다지 좋지는 않아요.

-해당 학교의 시험이 쉬웠다면
선생님: 이번 ○○고사에서 우리 혜교는 성적이 잘 나왔나요?
학부모: 나쁘지는 않지만, 시험이 쉬운 거에 비해 좋지는 않아요.

신뢰 형성   20초

(방학 전)
선생님: 방학이 곧 시작이니 뭘 해야 하나 걱정이죠?
학부모: 네, 그러네요.

(방학 후)
선생님: 이번 ○○방학 우리 혜교는 잘 보냈나요?
학부모: 네, 별로 한 것도 없는데 금방 개학이네요.

(학기 초)
선생님: 신학기가 되니 준비할 게 많으시죠?
학부모: 네. 정신이 없네요.

(평상시)
선생님: ○학년(또는 ○학기)이 되면 공부량이 많아지는데 우리 혜교는 잘 적응하고 있나요?
학부모: 그렇지가 않아요.

5장

상담 니즈 파악	2분	학부모: 우리 애가 공부를 잘 안 해요. 선생님: ○학년 여자애들은 대부분 다 그래요. 어머니, 너무 걱정하지 마세요. 우리 혜교는 어떤 과목을 좋아(어려워)하나요? 혹시 점수 여쭤봐도 될까요? 현재는 어떻게 공부하나요? 예체능 학원에 다니는 곳이 있나요?	듣기를 통해 문제에 맞장구쳐주고 공감해서 상대방이 마음에 있는 말을 많이 하도록 유도한다. 학부모가 교육의 전문가로부터 상담받는 느낌이 들도록 천천히, 상냥하고 명확하게 말하도록 한다. 학부모의 말이 길어지면 적절히 끊는다.
학생의 문제에 대한 원인 파악	1분	선생님: 우리 혜교가 ○○하다면(집중력 부족, 공부 의지 부족 등) 1. 공부에 흥미가 없다면 안타깝게도 본인의 수준에 맞지 않는 학습을 계속해왔기 때문이에요. 수준에 맞지 않으니 흥미가 없고 공부가 싫어지는 거죠. 2. 공부를 많이 했는데 실수하는 건 정확한 개념과 유형이 파악되지 않았기 때문이에요. 이런 경우 학생들이 더 속상해합니다. 3. 수학(영어)을 어려워하는 건 영역별 부족 부분을 해결하지 못하고 대부분 진도 나가기에 급급하다 보니 그런 상황이 발생합니다.	긴 상담을 하는 것이 아니라 학부모의 말을 통해 문제의 핵심 파악 및 원인 분석을 하고 요점을 정리한다. 상담 일지에 메모해 원인을 분석하고 학부모를 납득시킬 포인트를 정리한다.

		4. 선행이 도움되긴 하지만, 아시는 것처럼 본인의 수준을 앞서가는 선행 학습을 한 아이들은 본 수업에 충실하지 않기 때문에 성적이 나오지 않습니다. 5. 어머님께서 열심히 봐주셨지만 대부분 엄마 말을 잘 안 듣기 때문에 쉽지 않으셨을 거예요. 아이와의 관계 회복을 위해서라도 다른 방법을 고민해보시는 것이 좋습니다.	그간의 학습을 강하게 부정하지 말고 부드럽게 ○○ 부분이 부족했을 것이라고 상담한다.
공부방 소개	1분	선생님: 어머니, 저희 공부방에서 학습하는 시스템은 아주 간단하지만, 실제 학생들이 공부하는 것은 만만치가 않습니다. 왜냐하면 저는 일반 학원이나 공부방에서처럼 아이들을 무조건 많이 가르치지는 않아요. 대신 학생들 스스로 공부할 수 있도록 하고 있습니다. 그게 말이 쉽지, 어머님도 아시는 것처럼 정말 어려운 거잖아요. 그래서 저희 1등 시스템 공부방만의 노하우가 있습니다. 전화로 말씀드리기에는 부족하기도 하고 이해가 되지 않는 부분이 있을 수 있으니 직접 한번 오셔서 어떤 시스템으로 공부하는지 보시고 상담을 받으시는 것이 좋으십니다. 아이들 옷 하나를 골라도 여기저기 돌아다녀 보고 고르시잖아요. 우리 혜교가 공부할 곳인데 좀 더 꼼꼼히 알아보시고 결정하셔야 어머님도 우리 혜교도 후회하지 않을 거예요.	공부방 시스템이나 수업료, 수업 시간 등에 대한 질문을 학부모가 할 때 그대로 알려주는 것이 아니라 이와 같은 상담으로 내방을 유도한다.

내방 안내	30초	학부모: 아, 그래요? 그러면 언제 방문하면 될까요? 선생님: 제가 이번 주 화요일과 목요일 오전 10시부터 1시까지가 상담 시간인데 어머님은 언제가 편하신가요? 학부모: 전 목요일 오전이 좋아요. 선생님: 그러시면 제가 목요일 오전은 다른 상담 잡지 않고 우리 혜교 상담 준비하고 있겠습니다. 혹시 못 오시게 되면 간단히 미리 문자 부탁드려요. 학부모 : 네, 알겠습니다.	약속 시간을 정할 때는 두 가지 선택지를 주고 학부모가 선택할 수 있도록 하고 그 학생을 위한 상담을 준비한다는 것을 어필한다.
문자 메시지		혜교 어머님 안녕하세요? 방금 상담했던 1등 시스템 공부방입니다. 어머님의 고민을 잘 들었습니다. 말씀해주신 상황이라면 우리 혜교의 수준에 맞는 맞춤 학습 상담이 필요합니다. 시간 되는 날 혜교도 같이 와서 진단평가와 함께 공부방은 어떤 환경인지도 둘러보시고 자세한 상담도 받으시기를 바랍니다. ○○일(목) 10시에 뵙겠습니다. 네이버에 1등 시스템 공부방을 검색하시고 방문하셔서 어떻게 운영되는지도 보시면 도움이 되실 겁니다. 감사합니다.	통화 종료 후 문자를 발송한다.

신입 상담을 할 때는 사전 준비를 잘하는 것이 중요하다. 공부방 환경을 다시 한번 살펴보고 옷차림이 너무 편한 것은 아닌지, 인상이 어두워 보이지는 않는지 거울을 보며 체크해보는 시간이 필요하다. 반드시 파악해야 할 기본 신입 상담 일지를 준비해 상담하면서 메모하고 공부방에 찾아온 이유, 즉 학부모의 니즈를 파악하는 것이 가장 중요하다.

새로운 학부모와 상담할 때 가장 중요한 것은 경청과 질문이다. 학부모의 말을 끝까지 경청한다는 것은 생각보다 쉽지 않은 일이다. 특히나 경력이 오래된 선생님일수록 더욱 그렇다. 학부모가 어떤 부분이 문제이고 어떤 문제가 고민이라는 것을 너무 잘 알고 그에 대한 답도 이미 알고 있기 때문이다. 하지만 그 문제와 고민이 상담하는 선생님이 아니라 학부모의 입에서 나올 때까지 경청해야 한다. 그 문제의 답을 사실은 학부모가 이미 반은 알고 있다. 그래서 상담을 받으러 온 것이고 단지 어디에서 그 답을 구할 것인가가 문제일 뿐인 경우가 대부분이다. 그러므로 그 답 역시 학부모 입에서 나올 때까지 경청해야 한다. 그런데 상담하는 선생님이 점쟁이가 점을 봐주듯이 미리 다 말해버리고 답을 제시하는 경우가 많다. 그 상담은 학부모 입장에서 보면 이미 자신이 알고 있는 답밖에 모르는 선생님과 같다. 그래서 고민한다. 다른 곳과 별반 다르지 않다고 생각하기 때문이다.

그런데 상담하다 보면 상담하는 선생님이 원하는 방향이나 답이 나오지 않는 경우가 있다. 그럴 때 적절하게 던져야 하는 것이 질문이다. 만약 학원에서 공부하면서 학원 스타일과 잘 맞지 않았다고 하면 학원의 어떤 스타일과 맞지 않았는지 물어야 한다. 선생님인지 학습 진도인지, 학원 관리 방식인지에 따라 공부방에서 제시해 줄 수 있는 해결 방안이 달라지기 때문이다. 질문할 때는 한 번에 여러 가지 하는 것보다 한 번에 하나씩 질문하되 한 질문에 대해 깊이 있게 질문해 마음속에 감춰둔 니즈를 찾아야 한다. 그렇지 않으면 엉뚱한 상담이 돼 시간만 낭비하기 십상이다.

✎ 신입 학생 상담 일지 1안

기본 정보	이름:	학교:		학년:	상담 날짜:
	주소:				연락처:

학습 정보	잘하는 과목:		좋아하는 과목:		싫어하는 과목:

전 학기 평균:

수학 점수: 수학 수준: 수학 진도:	영어 점수: 영어 수준: 영어 진도:	국어 점수: 사회 점수: 과학 점수:

기존 학습 방식	학원	학습지	개인지도	독학	부모 관리

기존 학습 방식에서 좋은 점:

기존 학습 방식에서 어려운 점:

기타

조부모 가정/한 부모 가정 등

진로 진학 정보/학부모 직장 유무/상담 가능 시간

방문 계기: 전단지, 소개, 온라인, 게시판, 현수막, 학교 앞 홍보 등

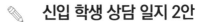

신입 학생 상담 일지 2안

인적 사항	성 명			성 별	남 / 여
	주 소				
	학교 / 학년		학교　　　　학년　　　　반		
	연락처	학 생			
		어머니			
		아버지			
	학교 성적	최근 중간 or 기말고사 성적 : (　　　　　　)			
	가족 관계	(　　　　)남 (　　　　)녀 중 (　　　　)째			
현황	기존 학습 방법				
	학습 문제 및 보완점				
희망 사항	희망 학교: 희망 진로:				
상담 내용					

07
주간 마무리 관리 '금요일'

1주일 중 가장 힘든 요일이 금요일이다. 체력이 많이 소진돼있는 데다가 보통 이벤트를 진행하는 요일이 금요일이기 때문에 챙겨야 할 일이 다른 요일보다 많다. 그래서 금요일은 오전부터 촘촘하게 하루 일정을 계획해야 한다.

학생별로 진도 체크를 해서 교재가 밀린 학생이나 채점이 안 된 학생은 없는지 살펴보고 누수가 된 부분은 오후 수업이 시작되기 전에 마무리해야 한다. 주간 학생 관리를 하고 있다면 베스트 학생을 선정해 게시판에 붙여놓는다. 그리고 다음 주에 홍보를 해야 한다면 금요일 오전에 미리 홍보물을 주문해 수요일 전에 도착할 수 있도록 해야 계획한 대로 요일별 시스템이 운영된다.

초등 이벤트 관리

초등의 경우 월마다 이벤트를 계획하고 있다면 금요일에 진행하는 것이 좋다. 주중에 진행하면 수업 흐름에 방해가 되고 수업 집중력이 떨어질 수 있기 때문이다. 오전에 이벤트에 필요한 준비물을 챙기고 이벤트 진행 시 일어날 수 있는 변수를 생각해보고 대비할 수 있도록 한다.

학생 상담 관리

금요일은 학생 상담 관리를 정기적으로 하는 것이 좋다. 최근에 들어온 학생이나 문제 있는 행동이 자주 보이는 학생의 경우 오전에 미리 체크해 수업 시작 전 간단하게 5분 정도라도 이야기를 나눠보는 것이 좋다. 또는 수업이 끝난 후 5분 정도 대화를 나눠보며 공부방에서 적응하는 데 문제가 없는지 확인해보거나 칭찬할 부분을 기억해 격려해주는 대화를 하는 것도 하나의 학생 관리다. 시험 대비를 해야 하는 경우는 공부를 잘하는 학생 위주로 일찍 오게 해 학교 진도를 파악하고 시험 범위를 확인하는 등 시험 대비 관리 분위기를 잡고, 각자 목표나 계획을 어떻게 세웠는지 이야기를 나눠보며 관리해야 한다.

이렇게 금요일을 학생 중심으로 관리하면 학생들의 상황을 구체적으로 알 수 있고 학생들과의 유대 관계가 깊어져 선생님에 대한 신뢰가 높아진다. 또한 학생 관리를 잘하는 선생님은 학부모보다 선생님의 한마디가 더 영향력을 미치게 돼 학부모가 선생님을 더 존중하게 된다.

학습 안내문 준비

4, 5주 차 금요일은 학습 안내문을 준비해야 한다. 학생 수가 많으면 3주 차부터 준비해 학습 안내문을 보내는 주에는 출력만 할 수 있도록 하는 것이 더 효율적이다. 학습 안내문 구성은 내용이 많다고 해서 좋은 것은 아니다. 두 장 정도가 적당하며 간단한 인사와 함께 학습 현황과 학습 변화 상황 그리고 초등, 중등별 교육 정보, 기타 공지 사항 정도가 들어가면 된다.

최근 들어서는 지면 형태의 학습 안내문보다 밴드나 카톡 또는 문자로 이미지 파일로 만들어 보내는 경우도 많다. 출력해서 봉투에 넣는 수고로움을 덜 수 있는 방법이지만 학부모의 의견을 들어서 지면과 온라인 중 어느 것을 선호하는지 파악하여 맞춤형으로 제공해주어도 좋다.

3월 〈1등 시스템 공부방〉 학습 안내문

교육 상담

<u>송 혜 교</u> 학부모님께

안녕하세요? 언제나 학생의 성장에 마음을 다하는 1등 시스템 공부방입니다. 추위로 몸을 웅크리게 만들던 겨울이 지나가고, 따뜻한 햇살과 봄바람에 여기저기 꽃 소식이 들려오는 아름다운 봄입니다. 봄 햇살처럼 따뜻하고 포근한 기운과 만물이 생동하는 희망찬 에너지가 깃들어 가정에 좋은 소식이 만발하기를 기원합니다. 우리 아이들의 교과 실력을 높일 수 있도록 항상 격려해주시는 부모님의 관심에 깊이 감사드리며, 학원 학습 스케줄과 함께 자녀 교육에 도움이 되는 글을 보내드리오니, 참고하시기를 바랍니다.

3월은 새 학년 새 학기가 시작돼 아이들이 학교생활에 적응하는 시기입니다. 자녀가 새 학년 학교 수업에 적응하는 것이 쉽지 않을 수도 있습니다. 요즘 새 학기가 되면 아이들에게 찾아오는 증후군이 있지요? 바로 신학기 증후군이라고 하는데요, 자녀가 혹시 신학기 증후군으로 힘들어하고 있지 않은지 관심을 가지고 살펴보실 필요가 있습니다. 또한 학교마다 상담 주간이 잡혀있어 선생님과 어떻게 상담해야 하나 고민되실 수 있는데요, 조금만 미리 상담 준비를 하신다면 아이에 대한 정보와 선생님의 마음을 사로잡는 상담을 하실 수 있습니다. 보내드리는 자료를 참조해 잘 준비해보시기 바랍니다.

* <u>송 혜 교</u> 학습 현황

2월 학습 현황 게시판		2월 공부 습관 게시판	
학습 과목		출결/지각	
학습 교재		과제 수행도	
학습 단원		수업 집중도	
단원평가 결과		개념 정리 완성도	

- 3월 1등 시스템 공부방 공지 사항 -

- 3월 소개 이벤트: 친구 추천 시 아이스크림 쿠폰 증정
- 3월 간담회 일정: 3월 25일(화) 오전 10시~11시 30분
  주제: 우리 아이 신학기 증후군 극복 방법
- 3월 공부방 상담 일정: 매주 목요일 오전 10시~오후 1시

※ 매월 25일은 수강료 납부일이니 결제 변경이 필요하신 경우 미리 말씀 주시기 바랍니다.

3월 〈1등 시스템 공부방〉 학습 안내문

☹ '신학기 증후군' 어떻게 해야 할까요?

신학기 증후군은 새로운 학기가 시작됐을 때 등교를 거부하는 증상 중 하나로, 새로운 환경에 적응하는 과정에서 몸과 마음이 긴장돼서 겪는 스트레스로 인해 나타나는 심리적·신체적 증상을 의미합니다.

즉 낯선 교실과 새로운 친구 등에 적응하는 과정에서 스트레스를 느끼는 경우 나타나는 일종의 적응 장애를 말합니다. 실제로 초등학생의 30% 정도가 신학기 증후군에 시달린 적이 있고, 심하진 않더라도 새 학기에 대해 걱정을 하는 친구들이 많다고 합니다. 그렇다면 신학기 증후군은 어떻게 극복해야 할까요?

☝ 아이의 말에 귀를 기울이며 대화하기

아이가 신학기 증후군을 보일 때는 아이의 말에 더욱 귀를 기울여 보세요. 차근차근 이야기하도록 유도하다 보면 아이의 투정도 조금씩 가라앉을 것입니다. 투정을 부린다고 걱정하고 야단치기보다는 공감해주고 격려와 칭찬해주는 것이 아이들의 심리적인 부담을 덜어줍니다.

✌ 학교와 친해지게 만들어 주기

신학기 증후군이 일어나는 가장 큰 이유는 낯선 환경에 대한 불안감 때문인데요. 이를 해결할 수 있는 가장 좋은 방법은 학교에 대한 익숙함을 만들어 주는 것입니다.

주말에 시간을 내서 아이와 함께 학교에 방문하고, 교실을 찾아보는 등 낯선 환경에 대한 막연한 두려움을 해소해주세요. 주말 동안 운동장에서 열심히 뛰어놀면 자연스럽게 학교 친구들에 대한 그리움도 생기고, 학교라는 공간에 대해 즐거운 기억을 상기시켜 신학기 증후군을 없애는 데 큰 도움이 됩니다.

♡ 많은 질문형 대화와 칭찬으로 아이에게 다가가기

자녀의 하루 있었던 일에 대해 사소하지만, 깊은 대화를 나누는 것이 아이의 자신감을 키우는 데 많은 도움이 됩니다. 또한 지극히 평범한 일상이어서 딱히 칭찬할 거리가 없다는 생각이 들어도 아이의 눈높이에서 크게 반응을 해주면 자신감을 얻어 신학기 증후군을 쉽게 극복할 수 있다고 합니다.

공부방 정리

금요일 마지막 수업이 끝나면 만사가 다 귀찮아진다. 그런 상황에 저녁 식사를 준비하기는 쉽지 않다. 그래서 주중에 외식하는 날이 있어야 한다면 금요일 저녁을 권한다. 대부분 주말에 외식하는 경우가 많은데 공부방 선생님들의 경우는 금요일 저녁은 집 가까이서 외식을 하거나 배달 음식으로 식사하며 가사 노동의 부담감을 덜어내는 것도 필요하다.

저녁 식사를 마치면 공부방을 정리하는 시간을 갖는다. 물론 매일 오전 아침에 하는 일이 공부방 청소겠지만 학생별 파일함이 제대로 정리가 돼 있는지 살펴보고, 다음 주에 해야 할 프린트 내용이 많다면 미리 해두는 것이 좋다.

08
밀도 있는 휴식 '토요일'

사교육에 종사하는 분들께 "앞으로 꿈꾸는 삶이 있다면 어떤 것이 있을까요?"라고 물었을 때 대부분 답변 중 하나가 바로 주말이 있는 삶이다. 초등 중심 공부방을 운영하는 선생님들은 이 말에 덜 공감할 수 있겠지만, 시험을 치르는 중등 이상의 공부방을 운영하시는 분들은 고개를 끄덕일 것이다. 시험은 일 년에 4번이지만 준비하는 선생님은 일 년 내내 시험을 준비하는 마음이기 때문에 주말도 없이 일한다는 말이 괜한 말이 아니다.

주말 휴식의 중요성

주말 휴식을 어떻게 보내느냐는 수업을 어떻게 하느냐 만큼 중요하다. 휴식은 에너지를 채우는 과정이고 이 에너지는 고스란히 수업에 담기게 된다. 주중에 요일마다 홍보, 상담, 수업, 관리 시스템에 충실하게 움직였다면 주말은 충실하고 밀도 있게 쉬어야 한다. 즉 공부방 운영에서 온전히 벗어나는 시간도 필요하다는 것이다. 주말만큼은 자신을 위해서 또는 가족들을 위해서 시간을 보내야 한다. 주말도 가족 행사에, 밀린 집안일에 쉴 틈이 없다고 하는 분들이 있다. 하지만 잘 들여다보면 계획 없는 주말을 보내게 되면 당연히 그런 주말이 계속될 수밖에 없다.

자기 관리가 잘되는 공부방 선생님의 주말 활용 사례를 들어보면 왜 언제나 에너지가 넘치는지 이해가 간다. 꽤 많은 학생을 관리하고 있고 연배도 있으신 K 선생님의 주말 이야기를 들어봤다. K 선생님은 월초에 주말 계획을 세운다고 한다. 우선 가족 행사가 있는 주말을 체크하고 자신만을 위한 주말, 가족과 함께하는 주말, 온전히 쉬는 주말 등으로 나눠 계획을 짠다.

주차	밀도 있는 휴식
1주차	1주 차 주말은 주로 피로가 완전히 풀릴 정도로 늦잠을 잔다고 한다. 간단히 늦은 점심을 먹고 집안일을 하는데, 가사 일을 가족들과 분담해 3시간 안에 끝낼 수 있도록 한다. 3시간 동안 청소나 빨래 등은 자녀나 남편이 하고, 선생님은 주중에 먹을 밑반찬과 저녁에 먹을 일품요리를 한다. 집안일이 마무리되면 가족들과 이른 저녁을 먹고 밖에 날씨가 좋으면 산책하거나 영화를 본다. 이것이 귀찮으면 집에서 텔레비전으로 영화를 다운받아서 보거나, 가족들과 과일을 먹으며 한 주 동안 있었던 이야기를 나눈다.
2주차	2주 차 주말은 좋은 강연이나 교육을 찾아서 듣는다. 교육 정보에 관한 설명회나 입시 설명회를 찾아다닌다. 진로와 진학에 대한 교육, 감정 코칭, 학습 코칭, 대화법 등 공부방 운영에 도움이 될 만한 교육을 적극적으로 찾아서 선생님의 내공을 꾸준히 쌓는다. 그것도 시간이 적절하지 않으면 유튜브 채널에서 괜찮은 강연을 찾아 듣는다.
3주차	3주 차 주말은 책 한 권을 사서 주말 내내 읽는다. 책의 분야는 다양하다. 소설부터 자기 계발, 시집 등을 읽으며 시간을 보낸다. 가까운 커피숍에 가서 읽기도 하고 침대에 하루 종일 누워서 보기도 한다.
4주차	4주 차 주말은 운동과 사우나를 한다. 심한 운동보다는 1시간 정도 걷고 나서 사우나에서 땀을 흘리고 목욕하고 나면 피로가 많이 풀린다고 한다.

K 선생님의 주말 보내는 방법을 들어보면 무언가 특별한 것은 없다. 누구나 할 수 있는 일이다. 다만 차이는 K 선생님은 정해진 계획에 따라 자신의 상황과 체력에 맞게 밀도 있는 휴식을 취한다는 것이다. 주말 보내는 패턴이 어느 정도 정해져 있다 보니 가족들도 선생님에게 맞춰 일정을 조율하기도 하고, 여행 계획이 있으면 선생님의 일정에 맞춰 조정하는 것이 자연스럽게 정착돼있다고 한다.

늘 피곤함에 지쳐 공부방 운영에 무기력증이 생기기 시작했다면 주말 휴식을 어떻게 보내고 있는지 자세히 들여다봐야 한다. 못 쉬고 있는 것이 아니라 쉬는 방법을 모르고 있을 수 있다. 쉼도 계획이 필요하다는 것을 알게 되면 피곤함에서 해방될 수 있는 길이 보일 것이다.

공부방 體IN智

운영의 성공 씨앗
'일일 시스템' 수행평가

개개인의 생활 패턴이 다르기 때문에 앞에서 언급했던 요일별 일일 시스템 내용은 사례일 뿐이다. 중요한 것은 자신만의 일일 시스템을 구축해 하루의 공부방 운영이 밀도 있게 진행될 수 있도록 만드는 것이다. 자신만의 일일 시스템을 구축하는 시간을 갖는 것은 공부방 운영의 가장 중요한 씨앗이다. 일일 시스템 수행평가로 그 씨앗을 심어보는 시간을 가져야 한다.

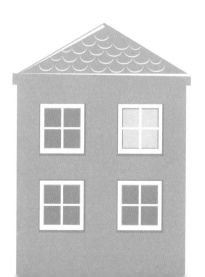

요일	요일별 시스템	실천 사항
일요일		
월요일		
화요일		
수요일		
목요일		
금요일		
토요일		

5장

요일	요일별 시스템	실천 사항
일요일		
월요일		
화요일		
수요일		
목요일		
금요일		
토요일		

요일	요일별 시스템	실천 사항
일요일		
월요일		
화요일		
수요일		
목요일		
금요일		
토요일		

5장

요일	요일별 시스템	실천 사항
일요일		
월요일		
화요일		
수요일		
목요일		
금요일		
토요일